Anne-Charlotte Sangam

Schlaf gut! Einschlafgeschichten für Erwachsene

Anne-Charlotte Sangam

SCHLAF GUT!

Einschlafgeschichten für Erwachsene

Mit Entspannungsübungen und Tipps
für einen gesunden Schlaf

Aus dem Französischen von Katrin Segerer

Anaconda

Die französische Originalausgabe erschien 2020 unter dem Titel »Histoires du
soir pour les adultes qui ont peur du noir« bei Leduc.s Éditions in Paris
© 2020 Leduc.s Éditions

Penguin Random House Verlagsgruppe FSC® N001967

Die Deutsche Nationalbibliothek verzeichnet diese Publikation in der Deutschen
Nationalbibliografie; detaillierte bibliografische Daten sind im Internet unter
http://dnb.d-nb.de abrufbar.

Lizenzausgabe mit freundlicher Genehmigung
© 2022 by Anaconda Verlag, einem Unternehmen der Penguin Random House
Verlagsgruppe GmbH, Neumarkter Straße 28, 81673 München
Alle Rechte vorbehalten.
Umschlagmotiv: SarraMagdalina / shutterstock
Umschlaggestaltung: www.katjaholst.de
Illustrationen im Innenteil: S. 65 Shutterstock, S. 135 Fabrice Del Rio Ruiz
Satz: Achim Münster, Overath
Druck und Bindung: GGP Media GmbH, Pößneck
ISBN 978-3-7306-1080-0
www.anacondaverlag.de

Für Kiki

»Es erscheint mir dringend nötig, Märchen, Legenden, Mythen, Ritualen ihren Platz in unserem Leben zurück- zugeben und von ihnen zu lernen. Das ist der Weg der Erkenntnis.«

Annick de Souzenelle, *Le Symbolisme du corps humain*

INHALT

EINLEITUNG

Als echtes Murmeltier ist Schlaf mir heilig. Deshalb war es für mich ein großes Abenteuer, dieses Buch zu schreiben. Ein schönes Projekt, aber auch eine riesige Herausforderung. Was wollte ich mit meinen Leserinnen und Lesern teilen? Geschichten, die ihnen erlauben würden, durch ihre Eindrücke und den Rhythmus der Worte zur Ruhe zu kommen? Oder Erzählungen, die im Herzen der Nacht sowohl Trost spenden als auch lehrreich sind, Ratschläge bereithalten, die anschließend im Alltag nützlich sein können? Würde mir vielleicht sogar beides gelingen?

IN MORPHEUS' ARMEN
Ich selbst gehöre, wie gesagt, zur Familie der Murmeltiere. Ich brauche jede Nacht viele Stunden Schlaf, um Energie zu tanken, die Emotionen des vergangenen Tages zu verarbeiten und gelassen in den nächsten zu starten. Fehlt diese Erholung, verliere ich sofort den Boden unter den Füßen. Ich werde übellaunig und sehe alles schwarz.

Glücklicherweise sind der Schlaf und ich recht gute Freunde. Ob es wohl daran liegt, dass mich meine Mutter früher beim Zubettbringen stets mit einer Gutenachtgeschichte Morpheus' Armen anvertraut hat? Wacht der Gott mit den schmetterlingszarten Flügeln, der Sohn des Hypnos (des Schlafes) und der Enkel der Nyx (der Nacht), noch heute über meine Träume? Ist er mir gegenüber besonders wohlwollend?

Doch natürlich gab es in meinem Leben, so wie in deinem sicherlich auch, schon Turbulenzen (plötzlicher Todesfall, Krankheit, Trennung, folgenreiche Entscheidung, Stress bei der Arbeit usw.), außerdem Zeiten der Angst, in denen ich quälende Schlaflosigkeit erfuhr. Es ist wirklich schwer, Schlaf zu finden, wenn Schmerz oder schwierige Fragen uns überwältigen. Und das malt das Bild nur noch düsterer. Wie sollen wir unsere Gesundheit und einen klaren Geist bewahren, wenn wir nachts unsere Batterien nicht mehr aufladen können?

EINE SÄULE DER GESUNDHEIT

Tatsächlich ist Schlaf für uns genauso lebenswichtig wie Luft, Wasser und Essen. Für die Naturheilkunde ist er eine Säule unserer Gesundheit. Durch ihn können wir die Energiereserven unserer Nerven auffüllen, beschädigtes Gewebe reparieren sowie Zellerneuerung und Hormonbildung sicherstellen. Außerdem ist er wichtig für Verdauung und Atmung. Nacht für Nacht erlaubt er unserem Körper, sich zu reinigen. Daneben ist er auch ein Verbündeter unseres Gehirns und spielt eine maßgebliche Rolle beim Lernen.[1] Denk nur daran zurück, was man uns als Kindern immer eingebläut hat: Wir sollten unseren Lernstoff kurz vor dem Zubettgehen noch einmal lesen, um ihn besser aufzunehmen, abzuspeichern.

Wenn uns also Schlaf fehlt und unsere innere Uhr verstellt ist, kann das unser gesamtes physisches, psychisches und emotionales Gleichgewicht durcheinanderbringen. Typische Probleme sind neben der bereits angesprochenen Schlaflosigkeit auch Schwie-

---

1   Vgl. Anne-Marie Narboni: *La Naturopathie pour les nuls,* First, S. 44 und 134.

rigkeiten beim Einschlafen und nächtliches oder frühmorgendliches Erwachen mit anschließendem Wachliegen, was den Schlaf unerholsam macht und Müdigkeit zur Folge hat.

Treten solche Schlafstörungen nur hin und wieder auf, ist das nicht gravierend. Erlebt man allerdings über Wochen oder Monate hinweg eine durchwachte Nacht nach der anderen, führt das zu gewaltiger Erschöpfung, Reizbarkeit, Frust, Wut und vielem mehr. Ganz zu schweigen von den Auswirkungen auf unsere geistige wie körperliche Gesundheit.

URSACHEN FÜR SCHLAFSTÖRUNGEN

Zu spätes Zubettgehen für den eigenen Biorhythmus, Stress, Grübeleien, ein unruhiger Geist, zu reichhaltiges oder spätes Essen, Bildschirmlicht … Es gibt viele Faktoren, die sich negativ auf unseren Schlaf auswirken können. Oft verhindern Stress, Anspannung, die Last des Tages, die Arbeit, die uns nicht loslässt, dass wir abends zur Ruhe kommen. Wir schleppen all unsere Sorgen mit, die kleinen und die großen, die leichten und die schweren. Natürlich können Schlafstörungen auch aus Schmerzen oder Ängsten resultieren. Zumal gerade Letztere dazu neigen, nachts noch akuter, noch umfassender zu werden.

Das Licht weicht unseren Schattenseiten, teils urtümlichen Schrecken … Und darin schwelgen unsere Ängste, die sich aus verschiedenen Quellen speisen (Angst davor, Dinge auszusprechen, wütend zu werden, seinen Job zu verlieren, zu erkranken, seinen Platz einzunehmen oder ihn zu verlieren, Angst vor dem Erfolg, vor den eigenen Gefühlen, Lebensangst usw.). In einer Gesellschaft, in der immer mehr von uns alles jederzeit unter Kontrolle haben wollen, kann auch die Aussicht darauf, loszulassen, sich dem Schlaf hinzugeben, unbewusste Panik auslösen.

HEILMITTEL

Ein Drittel der französischen Bevölkerung schläft schlecht, und chronische Erschöpfung entwickelt sich gerade zur Jahrhundertkrankheit. Selbstredend gibt es zahlreiche Gegenmittel, von natürlich bis chemisch, von mild bis gepfeffert. Doch an eines denkt man nicht unbedingt: Worte. Dabei wurden Bücher schon immer zur Heilung benutzt, von Melancholie, Weltschmerz, Liebeskummer, Todesangst ... Warum sich also nicht Geschichten zuwenden? Warum sich nicht von ihnen ganz sanft in den Schlaf wiegen lassen?

Erinnerst du dich noch an dieses Ritual, das dich als Kind beim Zubettgehen begleitet hat und das du vielleicht später auch für deine eigenen Kinder eingeführt hast? Weshalb sollten wir als Erwachsene kein Recht mehr auf eine Gutenachtgeschichte haben, obwohl die Rückkehr zu dieser Gewohnheit uns dabei helfen könnte, Ruhe zu finden? Was, wenn die Freude an den Worten, die Macht der Sprache uns ins Reich der Träume geleiten würde? Weshalb sollten wir uns diesen sanften Übergang zwischen unserem oft so harten Tag und dem Schlaf, zwischen Wachen und Schlummern versagen?

GUTENACHTGESCHICHTEN

In diesem Buch möchte ich dir kurze, meditative Geschichten anbieten, ein Arrangement aus Erzählungen rund um Fragen, mit denen wir im täglichen Leben konfrontiert werden und die uns zu einem gesteigerten geistigen Wohlbefinden führen. Jede dieser Erzählungen arbeitet auf metaphorische Weise Ratschläge heraus, die dir helfen können, Veränderungen in deinem Leben anzustoßen. Und sie fördert den Schlaf, indem sie die Sinne anspricht. Durch ihre suggestive Wirkung spenden die Geschichten Gelassenheit und Trost und schenken dir, so mein Wunsch, Zuversicht und Hoffnung. Wenn sie dir Anker und Ruheort werden, habe ich mein Ziel erreicht.

WIE KANNST DU IN DIESES UNIVERSUM EINTAUCHEN?

Es gibt mehrere Möglichkeiten, dieses Buch zu lesen. Du kannst die Erzählungen der Reihe nach genießen, mit jenen beginnen, die dich am meisten interessieren, oder – und das ist wohl der Weg, den ich empfehlen würde – du pickst dir deine Gutenachtgeschichte, deine abendliche Meditation, wie eine Orientierungshilfe aufs Geratewohl heraus.

Gönn dir die Zeit, sie in dich aufzunehmen, in ihr zu atmen. Visualisier sie, schlaf darüber. Und lausche, wie die gewählte Geschichte in dir nachhallt. Was sind ihre Lehren? Welche Gefühle und Reaktionen ruft sie in dir hervor? Sind sie heftig, unterstreichen sie vielleicht eine Unsicherheit, einen wunden Punkt? Eine Richtung, die du einschlagen solltest? Landest du mehrfach bei derselben Geschichte, dann frag dich: Weist sie auf etwas hin, das dich besonders betrifft, an dem du verstärkt arbeiten musst?

JETZT BIST DU DRAN!

Diese Geschichten sollen so behaglich und tröstlich sein wie eine dicke, warme Daunendecke, die deinen Schlaf behütet. Auf dass die herausgefilterten Ratschläge über Nacht in dir wirken und dir die kommenden Tage erleichtern.

Da alles eine Frage des Rezepts und der richtigen Dosis ist, habe ich hier und da ein paar Rituale eingestreut, mit denen du in das Reich der Nacht hinübergleiten kannst. Ich hoffe, sie sind dir eine Hilfe. Und nun wünsche ich dir eine gute Reise in das Land der Träume!

Sprichwörtliches

Schlafen wie ein Stein
An der Matratze horchen
Sich den Schlaf aus den Augen reiben
In Morpheus' Arme sinken
Eine Nacht darüber schlafen
Schlafen wie ein Murmeltier
Ein reines Gewissen ist ein sanftes Ruhekissen.
Sich aufs Ohr legen
Eine Mütze Schlaf
Etwas wie im Schlaf können
Wie man sich bettet, so liegt man.
Schafe zählen

Etymologie

Schlaf

Substantivierte Form des mittelhochdeutschen *slāfen*,
was so viel bedeutet wie »erschlaffen«

LUCIES ATELIER

oder: Von der Notwendigkeit des Winterschlafs

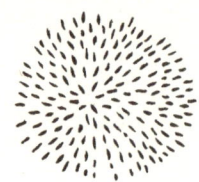

Auf dem Weg dorthin verläuft man sich leicht. Man steigt aus der Bahn und findet sich kaum zurecht auf den verschlungenen Straßen am Fuß der Hochhäuser und später zwischen den Häuschen, die aussehen, als wäre man schon an der Küste.

Lucie wohnt in der Katzenjammergasse. Ein Name wie ein Gedicht. Zuerst muss man kräftig gegen das verwitterte blaue Tor drücken. Das vom Regen aufgequollene Holz lässt sich nur schwer öffnen. Doch Lucie hat meine Anwesenheit offenbar gespürt. Sie eilt mir zu Hilfe und begrüßt mich mit einem gewaltigen Lächeln.

Ihr Lächeln. Ihr Lächeln, dann ihr Atelier. Man sieht die Töpferscheiben, riecht den Staub in der Luft, den Duft des getrockneten Tons. Die Werke ihrer Schülerinnen und Schüler: Schüsseln, Tassen, Teller ... Ihre eigenen, feineren, warten im Nebenzimmer. Sie sind filigran gearbeitet, luftig leicht, hauchdünn. Die Namen der Emaillefarben – englisches Grün, Seladon – laden zum Reisen ein.

Wir trinken Tee, essen den selbstgebackenen Kuchen, den ich mitgebracht habe. Wir erzählen uns voneinander. Zwei Jahre haben wir uns nicht gesehen. Zwei Jahre liegen zwischen ihrem Umzug nach Nantes und meinem.

Lucie zeigt mir ihr Haus. Das Wohnzimmer mit den verschiedenen Ebenen, den Ofen mit seinen orangefarbenen Flammen, die freiliegenden Balken. Man fühlt sich sofort wohl hier. Das Küchenfenster geht auf die schmale Straße mit den malerischen Häuschen hinaus. Ein unermesslich weiter Blick auf den Himmel. Beinahe so, als würde man ins Meer tauchen.

Lachend tauschen wir uns aus. Lucie träumt von einem Gemeinschaftsgarten. Von ihren Händen in der lebendigen Erde. Vielleicht könnte sie von ihren Nachbarn lernen? Ein Tauschgeschäft: ihre Hilfe gegen ein paar Stunden Pflanzenkunde. Vorerst wachsen bei ihr nur Küchenkräuter. Der schmiedeeiserne weiße Tisch und die dazugehörigen Stühle warten auf die Ankunft des Frühlings. Noch ein bisschen Geduld. Heute tanzt der Wind seinen stürmischen Reigen.

Lucie hält weiter Winterschlaf in ihrer Höhle. Sie weiß, dass sie auf ihren Körper hören, sich dem langsameren Rhythmus anpassen muss, dass sie diese Pause braucht und das zu respektieren hat. Nur so kann sich, sobald die Energie zurückkehrt, ihre Kreativität wieder voll entfalten.

Jetzt im Januar, wo der Nordwind Erde und Bäume alles Überflüssigen beraubt hat, verspürt Lucie weniger Lust. Weniger Lust rauszugehen. Weniger Lust, sich irgendwelchen Beschäftigungen zu widmen.

Sie fühlt es. Tief im Inneren verlangt ihr Körper eine Auszeit, Stille, Raum. Wärme. Ihr ist klar, dass sie ihrem Rhythmus folgen muss, innehalten, um sich zu regenerieren, sodass ihre schöpferische Kraft sprießen kann.

Deshalb tut sie es. Lauscht ihrer animalischen Seite. Igelt sich in ihrem Häuschen neben dem Ofen ein. Ja, sie hält Winterschlaf. Ja, sie wird wieder zum Tier. Ja, das gesteht sie sich zu. Kein Vergleich zum rastlosen Tempo, das sie sich früher aufgezwungen hat. Sie weiß jetzt (oder hat es neu gelernt), dass die Natur ein Kreislauf ist, dass sie im Takt der Jahreszeiten und der Energien, die sie übertragen, leben muss. Sie verspürt das tiefe Bedürfnis, sich mit ihrer innersten Natur zu verbinden, gründlich auszumisten, um Platz zu schaffen für das Wesentliche.

Sie versteht, dass diese Phase der Ruhe und der Innenschau notwendig ist. Lebenswichtig. Sie leckt ihre Wunden, verarztet, was noch geheilt, beruhigt, repariert werden muss. So pflegt sie ihren Mutterboden, damit er wieder fruchtbar ist, sobald der Frühling anbricht. Und sie den Rest des Jahres versorgt. Diese langsamere Zeit ist nicht verloren, ganz im Gegenteil: Sie sichert die Verheißung.

Im Moment bleibt es bei der Vorstellung. Indem Lucie ihren Kopf umgräbt, ermöglicht sie neuen Ideen zu keimen, der Kreativität, Wurzeln zu schlagen, um bald aufzublühen und ihre Samen zu verteilen.

Ja, genau hier, mitten im Winter, schöpft Lucie wieder Atem. Sie stößt alles Alte aus, um das Neue besser aufnehmen zu können.

Mit ihr zu sprechen, zu sehen, was sie tut, wie sie auf sich selbst hört, bringt mich zum Nachdenken. Was, wenn auch ich mir gestatten würde, nicht dauernd auf der Überholspur zu leben? Im Winter den Fuß vom Gas zu nehmen, um Kraft zu tan-

ken und Projekte anzuschieben, die später im Lauf des Jahres
an Fahrt gewinnen können?

☾

Vielleicht sollte ich mich selbst in die schöpferische Leere
wagen? Was meint ihr, Boten der Nacht?

MATTEOS WELLEN

oder: Wie man die Freude wiederfindet

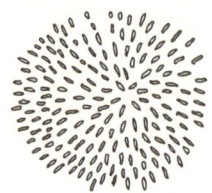

Es beginnt mit einem einladenden Lächeln, ein paar Worten. Und bald ist der Yoga-Kursraum von strahlenden Gesichtern übersät. Marion beherrscht die Kunst, Freude zu verbreiten. Ein seltenes Talent. Über Glück spricht man oft, über die Suche danach, die Jagd, aber über Freude? Was erzählt man uns von der Freude?

Dabei ist sie unentbehrlich. Ein Teil unserer Würde, meinte Caroline gestern zu mir. Doch es ist, als bliebe sie dem Spiel vorbehalten, den Kindern, ihrem wilden Toben. Als müssten wir, wenn wir älter und schließlich erwachsen werden, dieses Gefühl hinter uns lassen. Dann gilt es, bedächtig zu sein, nicht zu viel Lärm zu machen, keine Wellen zu schlagen. Und die Freude verflüchtigt sich. Sucht das Weite. Denn sie braucht Freiheit, um zu keimen, um zu erblühen. Oder kennst du viele Erwachsene, die Freude verkörpern?

»Lasst euch auf die Bewegung ein, wie es ein dreijähriges Kind tun würde«, weist Marion uns an. Ihre Locken schwingen im Takt hin und her, während sie trommelt. Sich auf die Bewegung einlassen wie ein kleiner Entdecker, wie ein freies Wesen. Ohne Vorurteile, ohne Erwartungen an sich selbst, ohne Angst vor den Blicken anderer. Ohne alles.

Einfacher gesagt als getan, denkst du jetzt sicher. Es ist verrückt, wie viele Schranken wir im Lauf der Zeit errichten, nicht? Was ist mit diesem Kind geschehen, das voller Träume, voll unerschütterlichem Vertrauen und grenzenloser Fantasie war? Wo steckt es bloß? Irgendwo, gut verborgen, zusammen mit der Freude?

Um sie wiederzufinden, müssen wir Matteo folgen, uns mit ihm halb ängstlich, halb fröhlich in die hohen, schäumenden Wellen werfen, die der August in der Bretagne bereithält. Fest seine kleine Hand umklammern. Uns nass spritzen, lachen, schreien. Auf die nächste Woge warten, voll Furcht und vergnüglicher Vorfreude. Wir müssen mit den Wellen spielen, mit der Gischt, dem vom Wind aufgepeitschten Wasser, dem Sand.

Ja, um die Freude wiederzufinden, müssen wir erst das Spiel neu entdecken, uns auf die Seite der Kindheit wagen, dieses Land zurückerobern. Vielleicht etwas noch einmal ausprobieren, das uns als Kind am Herzen lag? Oder uns daran erinnern, wie wir früher waren, und versuchen, das Feuer von damals wieder zu entfachen? Waren wir freier, spontaner?

☾

Wie wäre es, wenn auch du dir gestatten würdest, diesen Schwung wiederzugewinnen, kurz den Verstand auszuschalten, in die Energie des Herzens zu atmen? Yoga, Meditation, Tanz, Gesang ... Die Möglichkeiten sind endlos. Was bringt dein Innerstes zum Klingen, was bereitet dir ungeheures Vergnügen? Was könntest du tun, um Unbeschwertheit und Spontaneität neu zu entdecken? Vielleicht flüstert die Nacht dir die Antwort zu.

DER FLIEDERTANZ

oder: Zeichnen ist Meditation

Vor ein paar Jahren verbrachte ich mit Freunden ein Juliwochenende auf dem Land in einem hübschen Häuschen. Die Umgebung war idyllisch. Trotzdem konnte ich sie nicht genießen. Ich fühlte mich irgendwie fehl am Platz, wie ein Störenfried. Sorgen plagten mich. Ich hatte gerade eine Operation hinter mir, war physisch und psychisch erschöpft, litt Schmerzen und durfte nicht ins Wasser. Die Freuden des Swimmingpools – die Hauptattraktion jener sonnigen Tage – blieben mir verwehrt. Während alle anderen lachten, schrien, planschten, war ich traurig.

Eines Nachmittags beschloss ich, mich zurückzuziehen. Die andere Seite des Hauses, schattiger, aber auch romantischer, hatte in meinen Augen mehr Charme. Ich machte es mir auf einem Liegestuhl gemütlich und betrachtete die Natur um mich herum, die gewaltigen, üppigen Bäume, die in den Himmel ragten. Ihre Kraft, ihre Schönheit, ihre Ruhe besänftigten mich allmählich.

Ein duftender fuchsienroter Flieder ganz in der Nähe erregte meine Aufmerksamkeit. Ich hatte mein Skizzenbuch mitgebracht. Also holte ich es aus meiner großen, sommerlichen Drillichtasche, griff nach Filzstift und Pastellkreiden und fing an, einen Zweig zu skizzieren. Innerhalb weniger Minuten kehrte mein Lächeln zurück, ich war glücklich, einfach nur diese Blüten zu beobachten. Sie wirklich anzusehen, zu studieren, mich nur mit ihnen zu befassen. Und sie dann noch einmal anders auf dem Papier erblühen zu lassen. Nach kürzester Zeit waren meine trübsinnigen Gedanken wie weggewischt.

Heute, ein paar Jahre später, sehe ich noch immer den langsamen Tanz der Wolken am Himmel vor mir. Und ich erinnere mich an diesen Flieder. Einer seiner zarten, wohlriechenden Zweiglein ruht übrigens in meinem Skizzenbuch.

Bei mir ist es das Zeichnen. Für andere hat Gärtnern oder Weben etwas Meditatives, für wieder andere Musizieren oder Kochen. Die Mutter einer Freundin erzählte mir einmal, wenn sie von der Arbeit komme, fange sie manchmal an, das Abendessen zuzubereiten, noch ehe sie ihre Jacke ausgezogen habe. Beim Zwiebelhacken, Karottenschneiden, Gewürzanbraten könne sie ihren Arbeitstag hinter sich lassen, entspannen, in einen ruhigeren, friedlicheren Rhythmus gleiten.

☾

Nun liegt es an dir, deine eigene Routine zu finden. Was hilft dir dabei, deinen Kopf zu leeren, was bringt dich in den Flow? Bitte doch die Nacht, dir im Traum zu zeigen, welche Tätigkeit dir Wohlbefinden und Ruhe schenkt.

SCHAU!

oder: Wie man den Dingen Aufmerksamkeit schenkt

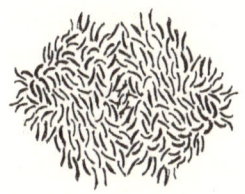

»Schau!«, sagt Sidonie zu Colette. Es ist nicht das erste Mal, dass sie ihre Tochter zum Betrachten auffordert. »Schau, schau, schau«, scheint sie den ganzen Tag zu wiederholen. Das ist ihre Devise für ihr Kind, ihr wichtigstes Erziehungsprinzip.

Was soll sie Colette auch sonst raten? Was ihr nahelegen, außer konzentriert und gründlich hinzusehen? Mit ihrem ganzen Sein zu beobachten? Was fördern, wenn nicht die Verankerung, wenn nicht die Aufmerksamkeit für die kleinen Dinge des Alltags, die Details?

Schau, Colette. Schau hin und konzentrier dich. Damit dir nichts von diesem Moment entgeht. Fühl, betrachte. Spürst du, wie gut dieser Zustand tut? Siehst du Dinge aufblitzen, die du bisher nie bemerkt hast? Diese Blumen am Fuß des Baums an der Straße, diese hastig hingekritzelte Kreidezeichnung auf dem Asphalt? Diesen rebellischen Löwenzahn, der zwischen den Stufen des Rathauses hervorsprießt?

Doch Colette, erfüllt von der Intensität der Kindheitsstunden, scheint Wichtigeres zu tun zu haben. Ihr steht der Sinn nach Spielen, nach Entdecken. Schauen ... Das ist ja schön und gut, aber warum denn so lange? Wenn sie erwachsen ist, hat sie noch alle Zeit der Welt, sich hinzusetzen, zu beobachten, aufmerksam zu sein, sich ins Betrachten zu versenken. Jetzt ruft das Leben nach ihr, und es wartet nicht.

Gerade nimmt es übrigens die Gestalt einer quecksilbrigen Katze an, die Colette plötzlich vor die Füße hüpft und wieder davonhuscht. Sofort springt das Mädchen auf und rennt ihr mit fliegenden Zöpfen hinterher.

Jahre später auf der Place du Palais Royal in Paris denkt Colette an Sidonies Worte zurück. Aus ihnen speist sich jedes ihrer eigenen Worte, jede Seite ihrer Romane.

Sie könnte sich keinen besseren Ratschlag vorstellen. Ihm verdankt sie wahrscheinlich einige ihrer schönsten Passagen.

Ja, bisweilen verbirgt sich in der Aufmerksamkeit für die kleinen Dinge die Inspiration. Und vielleicht sogar eine gewisse Form der Freiheit.

Wie man sich bettet, so liegt man

Der Schlaf ist eine heilige Zeit. Und anders als wir glauben oder uns wünschen, beginnt er nicht genau in dem Moment, in dem wir uns ins Bett legen, exakt zu dem Zeitpunkt, an dem wir gerne einschlummern würden. Deshalb ist es empfehlenswert, sich auf das Zubettgehen vorzubereiten wie auf einen Termin.

☽ Zunächst einmal ist es wichtig, deine Umgebung so einzurichten, dass du dich dort, wo du schläfst, auch wohlfühlst.

☽ Ist dein Schlafzimmer gut gelüftet und aufgeräumt? Dient es einzig und allein dem Schlafen?

☽ Wenn du in einer kleinen Wohnung lebst, hast du vielleicht nur einen Raum zum Schlafen, Wohnen und womöglich sogar Arbeiten. Dann ist es besonders wichtig, einen Bereich zu schaffen, der allein dem Schlafen gewidmet ist. Vielleicht indem du kurz vor dem Schlafengehen einen Wandschirm zwischen dem Bett und dem restlichen Zimmer aufklappst? Du kannst auch für ein paar Minuten eine Kerze anzünden, die den Ort Morpheus weiht. Oder aber du stellst ein Bild, ein Foto auf, das für dich den Schlaf symbolisiert. Ist dein Schlafzimmer womöglich zu vollgestellt? Brauchst du wirklich alles, was sich darin befindet? Wenn du es reduzierter gestaltest, sodass dein Blick entspannt schweifen kann, wird auch dein Geist klarer und ruhiger.

☾ Vergiss nicht, das Zimmer zu lüften, damit deine Milliarden Zellen den nötigen Sauerstoff bekommen. Ob Regen oder Sonnenschein, mach es dir zur Gewohnheit, die Fenster jeden Morgen für fünf Minuten zu öffnen, um den Raum vom nachts ausgeatmeten Kohlenstoffdioxid zu befreien, und jeden Abend, damit du gesündere Luft genießen kannst, wenn du in den Federn liegst. Stell außerdem die Heizung so niedrig wie möglich. Unsere Körpertemperatur sinkt abends leicht, um den Organismus auf die Ruhepause einzustimmen. Ist es zu warm im Zimmer, muss der Körper sich anstrengen, um sich abzukühlen, was den Schlaf stören kann. Eine Raumtemperatur von ungefähr 18 °C ist ideal. Natürlich spricht nichts gegen eine dickere Decke, wenn dir kalt wird. Wichtig ist nur, dass dein Kopf im Kühlen bleibt.

☾ Mach dein Bett ordentlich. So hast du mehr Lust, hineinzuschlüpfen. Gönn dir regelmäßig frisches Bettzeug oder vielleicht auch ein Kopfkissen, das zu deiner Körperform passt, gerade wenn dein Nacken anfällig für Verspannungen ist.

☾ Nimm abends nur eine leichte Mahlzeit zu dir. Unsere Verdauung benötigt viel Energie, und Alkohol wirkt aufputschend, was nicht förderlich für deinen Schlaf ist.

☾ Besonders wichtig ist es auch, sich von Smartphone und anderen Displays zu lösen. Spätestens eine halbe Stunde vor dem Zubettgehen solltest du dich von allen Bildschirmen fernhalten. Du könntest dir einen richtigen Wecker besorgen (vielleicht versteckt sich sogar noch einer in der Abstellkammer oder im Keller?), um im Schlafzimmer auf dein Handy zu verzichten.

☾ Trink eine Tasse Tee oder ein Glas Wasser mit ein paar Tropfen Orangenblütenwasser, das beruhigend, entspannend und schmerzlindernd wirkt.

☾ Trag einen hübschen Pyjama oder schlaf nackt. Tupf dir einen Tropfen Parfüm hinters Ohr oder aufs Handgelenk.

☾ Jetzt kannst du dich auf deine Atmung konzentrieren oder meditieren (siehe S. 66 und 98). Oder probier es mit einer Duftmeditation, um dich und deinen Geist zu beruhigen. Dazu riechst du einfach an einem Fläschchen Bergamottöl (lindert Stress und Schlaflosigkeit) oder Tulsiöl (wirkt entspannend).

☾ Und nun ruf Morpheus herbei und lass dich von ihm davontragen.

Schlaf gut!

MENSCHEN,
DIE ZWEIFELN

oder: Der erste Schritt in Richtung Freiheit

Ein Chanson zu dieser Geschichte:
Anne Sylvestre, *Les gens qui doutent*

Clément sitzt vor seinem einladenden Teller Seeteufel nach bretonischer Art, zubereitet von Ernest, und spielt mit der Gabel auf dem Rand herum. Sein Bruder, seine Schwester und er haben eine Tradition: Ab und zu treffen sie sich alle, um zusammen mit ihrem Großvater zu Mittag zu essen. Eine Gelegenheit für sie, Bilanz zu ziehen, sich auszutauschen, ihre Gedanken zu teilen.

»Stimmt irgendetwas nicht, Clément? Du wirkst so bedrückt. Oder täusche ich mich da?«

»Nein, leider nicht. Ich bin im Moment völlig neben der Spur. Ich ... ich finde einfach keine Inspiration. Nichts, was ich mache, gefällt mir. Oder passt noch zu mir. Als würde ich überhaupt nichts mehr wahrnehmen. Es kommt mir vor, als könnte ich nie wieder etwas Besonderes erschaffen. Als hätte ich für meine letzte Ausstellung alles gegeben. Ich zweifle schon mein ganzes Leben lang, an allem, aber jetzt ... Das nimmt unvorstellbare Ausmaße an. Ist die Quelle versiegt? Sollte ich anderswo Antrieb und Begeisterung suchen? Außerdem muss ich umziehen ... Ich habe vielleicht eine neue Wohnung gefunden, und die brauchen natürlich schnell eine Zu- oder Absage. Aber würde ich mich dort wirklich wohlfühlen? Das ist im Groben das Durcheinander in meinem Kopf.«

Clément hat schon immer alles in Zweifel gezogen. Seine Urlaubsziele. Seine Wohnorte. Seine Partnerwahl. Sein Talent. Selbst sein Erfolg als Bildhauer konnte ihn nicht beschwichtigen, weit gefehlt. Er gehört zu den großen Zweiflern. Und das ist für ihn die Hölle. Es zermürbt ihn. Die Unschlüssigkeit, die Angst davor, einen Fehler zu machen, sich selbst, seinem Leben nicht gerecht zu werden ... So gerne würde er sich von dieser hinderlichen Daseinsart, diesem Gift befreien. Lernen, dessen Ausbreitung zu begrenzen.

Oft fragt er sich: Wie schaffen die anderen das? Was ist ihr Geheimnis, um nicht derart von Zweifeln gequält zu werden? Er wünscht sich ein Patentrezept, eine Anleitung. Er staunt immer über seinen Bruder, der ein paar Jahre jünger ist als er, aber in jeder Lage selbstsicher, pragmatisch wirkt. Antoine stellt sich nicht tausend Fragen, nachdem er eine Entscheidung getroffen hat, und vor allem trifft er überhaupt Entscheidungen. Manchmal würde Clément viel geben, um so zu sein wie er.

»Ich hätte so gern ein Mittel gegen die pausenlosen Zweifel. Dieser Zustand ist ermüdend.«

»Hm«, macht Pénélope. »Ich glaube, die Zweifel gehören einfach zu deiner Persönlichkeit, Clément, deiner Feinfühligkeit.

Vielleicht sind sie der Preis, den du dafür bezahlst? Und vielleicht wäre es besser, dich mit ihnen anzufreunden, statt vergeblich gegen sie anzukämpfen? Zu lernen, mit ihnen zu leben, statt sie um jeden Preis vertreiben zu wollen, bis zur Erschöpfung mit ihnen zu ringen? Schau dich doch an! Es klingt, als würdest du dich so stark darauf konzentrieren, sie loszuwerden, dass du sie nur noch verstärkst.«

»Wahrscheinlich hast du recht. Aber das ist leichter gesagt als getan. Und manchmal sind sie wirklich sehr lästige Begleiter ...«

»Schon klar. Aber vielleicht solltest du deine Einstellung ihnen gegenüber ändern. Sie zu Verbündeten machen, zu Beratern. Immerhin weisen sie dich auf ein Problem hin, wenn sie sich regen, auf eine Schwierigkeit, die gelöst werden will. Könntest du sie nicht eher als eine Art inneren Kompass betrachten?«

Clément seufzt und erwidert dann lachend: »Ich bewundere deinen Optimismus.«

Jetzt schaltet sich Antoine ein: »Pénélope hat recht, Clément, auch wenn ich nicht glaube, dass hinter deinen Zweifeln zwangsläufig eine echte Schwierigkeit steht.«

»Ach ja? Du hast von solchen Sorgen doch keine Ahnung!«

»Ich will dir nur meine Sicht der Dinge erklären. So wie ich es sehe, sind das Problem eher die Gedanken, die in dir entstanden sind und diese Zweifel geweckt haben. Wenn du dich zum Beispiel fragst, ob deine Schaffenskraft versiegt ist. Oder wenn du fürchtest, nie wieder etwas so Wirkmächtiges wie dein letztes Werk hervorbringen zu können. Oder wenn du grübelst, ob du dich in dieser neuen Wohnung wohlfühlen würdest ...«

»Na, vielen Dank, Antoine. Diese Fragen kenne ich gut genug, du brauchst sie mir nicht aufzuzählen.«

»Was ich damit sagen will: Versuch, den Vorstellungen auf den Grund zu gehen, aus denen sich deine Zweifel speisen. Spul zurück bis zu den Gedanken, die die Zweifel überhaupt erst ausgelöst haben, und dekonstruier sie. Sie sind das, was du meines Erachtens nach in den Blick nehmen solltest.«

Ernest unterbricht ihn: »Also, ich habe eine ganz andere Meinung, Kinder, wenn ihr sie hören wollt.«

»Aber natürlich! Ich bin gespannt, wie du die Sache siehst, Opa.«

»Für mich sind Zweifel hervorragende Wegweiser. Ich verstehe nicht, warum du sie loswerden willst. Genau wie Pénélope glaube ich, dass du einfach deine Anschauungsweise ändern musst. Wenn Zweifel in dir aufsteigen, gibst du dir die Wahl. Und die Wahl zu haben, ist die größte Freiheit überhaupt! Du solltest dich freuen, deine Zweifel zu spüren; sie sind der erste Schritt in Richtung Freiheit.«[2]

So hat Clément die Sache noch nie betrachtet. Bilder stürzen auf ihn ein, Momente seines Lebens, in denen er sich tatsächlich die Wahl gegeben hat. Und ja, diese Momente waren Momente der Freiheit. Wie immer ist Ernest die Stimme der Weisheit. Aus jedem ihrer Treffen geht Clément ein wenig größer, ein wenig stärker hervor. Seine aktuellen Zweifel haben sich nicht in Luft aufgelöst, aber seine Schultern fühlen sich lockerer an, sein Atem fließt leichter.

---

2 Boris Cyrulnik: »Zweifel sind der erste Schritt in Richtung Freiheit«, in der Sendung *La Grande Librairie* auf France 5, 20. November 2015 (übersetzt von Katrin Segerer).

☾

Was ruft diese Geschichte in dir hervor? Gehörst du ebenfalls zu den großen Zweiflern? Ist diese Daseinsart für dich eher ein Hemmschuh oder eine Quelle der Inspiration, ein Motor?

DER GESANG DER QUELLE

oder: Gib zuerst dir selbst

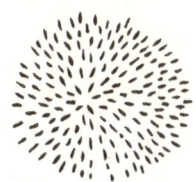

Am Waldrand, kurz bevor die Bäume zu einer Masse verschmelzen, steht ein Hof. Ein schmuckes, langgezogenes Granithaus mit Schieferdach. Der Efeu malt hübsche Schnörkel an die Fassade. Hinter dem Haus regieren die Hortensien. Rosa, blau, violett ... Prächtige Farben, fein abgestuft.

Als wir näher kommen, tritt Claudine aus der Tür. Auf ihrem faltenzerfurchten Gesicht erscheint ein breites Lächeln.

»Nur hereinspaziert, ich habe schon auf euch gewartet.«

»Hallo, Claudine, wie schön, dich zu sehen! Das ist meine Freundin Jeanne, von der ich dir erzählt habe.«

»Freut mich, Jeanne, willkommen. Ich habe viel von dir gehört.«

Im Haus duftet es angenehm nach Linde. Und nach etwas anderem.

»Oh, Claudine, du hast deinen berühmten Kuchen gebacken!«

»Na klar! Maronencreme und Schokolade. Ich weiß doch,

wie verrückt du danach bist, Louise«, antwortet sie und greift prompt nach einem Tortenheber, um uns aufzutun.

»Vielen Dank, Claudine, das sieht köstlich aus«, sagt Jeanne. »Was für ein Glück du hast, hier zu leben, so nah an der Natur. Darüber denke ich auch immer öfter nach. Marseille den Rücken zu kehren, der Großstadt, der Verschmutzung, raus aufs Land zu ziehen. Vor allem für die Kinder ...«

»Warum vor allem für die Kinder?«, unterbricht Claudine sie sofort mit einem Lächeln. »Was ist mit dir? Was willst du für dich?«

»Hm, für mich ... wäre es sicher auch gut. Ein ruhigerer Rhythmus ... Danach sehne ich mich wirklich. Es ist nur ... Ich habe mich so abgestrampelt, mir in Marseille ein soziales Umfeld aufzubauen, als wir vor ein paar Jahren dort hingezogen sind. Das war alles andere als leicht. Aber jetzt habe ich meine Anlaufstellen, meine Freunde, mein Fundament ... Bei der Vorstellung, noch einmal von vorne anzufangen, wird mir ganz anders, davor habe ich ein bisschen Angst.«

»Weißt du, Jeanne, es gibt da etwas, an das ich tief und fest glaube, und das ist eine Grundregel der Natur. Man braucht nur einen Waldspaziergang zu machen, um sie zu beobachten, alle Bäume zeigen sie uns: nämlich dass zwischen Geben und Nehmen ein Gleichgewicht herrschen muss. Um anderen geben zu können, muss man erst selbst trinken, seine innere Quelle speisen. Sich selbst geben.«

»Ich bin mir nicht sicher, ob ich dir folgen kann ...«

»Ja, das sehe ich an deinen großen Augen. Man denkt immer, es wäre ein Zeichen von Egoismus, sich selbst an erste Stelle zu setzen. Aber weit gefehlt! Es ist sogar das genaue Gegenteil. Wie solltest du anderen helfen können, wenn du selbst ausgetrocknet, atemlos bist? Wie deine Kinder glücklich machen, indem du eine Wahl triffst, die dich eines Teils deiner selbst beraubt? Sie brauchen keine Mutter, die sich aufopfert.

Warte, lass mich dir ein konkretes Beispiel geben. Kommt es im Flugzeug zu einem Druckverlust, sind die Anweisungen eindeutig: Erwachsene müssen zuerst ihre eigene Maske aufsetzen, bevor sie ihre Kinder oder andere Hilfsbedürftige unterstützen. Wenn sie zuerst ihren Kindern helfen und dabei das Bewusstsein verlieren würden, wenn sie ihre eigene Maske nicht mehr aufsetzen könnten, was würde dann passieren?«

»Ach, ich glaube, jetzt verstehe ich, was du sagen willst.«

»Das Beispiel spricht für sich, nicht wahr? Dasselbe gilt auch für das übrige Leben. Man muss sich zuerst selbst geben. Das soll nicht heißen, dass es falsch wäre, aufs Land zu ziehen, ich finde sogar, das ist eine ganz hervorragende Idee. Aber vielleicht musst du dir die richtigen Fragen stellen.«

»Aus dieser Perspektive habe ich die Sache noch gar nicht betrachtet. Das erscheint mir völlig kontraintuitiv.«

»Dabei ist es der einzig natürliche Instinkt. Das lehren uns die Bäume des Waldes. Die Erde nimmt sich erst selbst, ehe sie den Wurzeln gibt, dem Pflanzensaft, den Knospen, den Blättern ... Geht später hier spazieren, beobachtet die Bäume, dann seht ihr es. Wenn wir uns nicht nehmen, was wir benötigen, erwarten wir von anderen, dass sie uns versorgen. Kommen sie dieser stummen Bitte nicht nach, haben wir das Gefühl, sie blieben uns etwas schuldig, das schürt Enttäuschung, Bitterkeit ... Das nützt niemandem.

Du lächelst, Louise, aber ich weiß noch, dass ich mit dir vor ein paar Jahren ein ganz ähnliches Gespräch geführt habe. Auch du hast deine Zeit gebraucht, um dieses fundamental wichtige Naturgesetz zu verstehen: Man kann nur so viel geben, wie man nimmt.«

»Stimmt! Ich erinnere mich noch gut an unsere erste Unterhaltung darüber. Ich war sehr skeptisch. Ich hatte den Eindruck, so zu handeln, wäre reinster Egoismus. Aber irgendwann ist der Groschen gefallen, und ich habe langsam den Sinn dieser Lektion erkannt. Seitdem lebe ich danach. Oder versuche es zumindest. Ich will nicht behaupten, dass es mir immer gelingt, das wäre gelogen, aber was ich gelernt habe, trägt doch mehr und mehr Früchte.«

»Wie das?«, fragt Jeanne.

»Nun, ich bin eher im Einklang mit mir selbst, fühle mich wohler. Früher hatte ich oft den Eindruck, sehr viel für andere zu tun, mich aufzuopfern, ohne dass es entsprechend gewürdigt wird. Das hat mich ausgelaugt. Und manchmal auch enttäuscht und traurig gestimmt. Aber dann habe ich verstanden, dass ich mich ganz allein in diese Situation bringe. Meistens hat mich nämlich überhaupt niemand um irgendwas gebeten, es war meine eigene Entscheidung, mich so abzurackern.

Und ich habe auch begriffen, dass wir geben müssen, ohne eine Gegenleistung zu erwarten. Dafür brauchen wir Kraft, Ressourcen. Wenn ich heute etwas in Angriff nehmen will, und sei es noch so klein, frage ich mich zuerst, ob ich genug Energie habe, um mich ins Abenteuer zu stürzen. Manchmal geht es nur darum, ein paar Freunde zu mir zum Essen einzuladen. Ich rede nicht unbedingt von großen Projekten. Reicht die Energie nicht, ruhe ich mich aus, nehme mir die Zeit, mich selbst zu stärken. Eigentlich völlig logisch. Aber du hast recht, es widerspricht allem, was man uns beigebracht hat.«

»Tja, in unseren jüdisch-christlich geprägten Gesellschaften galten lange andere Credos«, schaltet Claudine sich wieder ein. »Aber es wird höchste Zeit, dass wir uns besser um uns selbst kümmern. Sonst drohen uns Erschöpfung oder sogar Burnout, Sinnverlust. Ich finde, das ist eine wirklich schöne Lehre der Natur. Gönnt euch doch einen Waldspaziergang, wenn ihr schon einmal hier seid! Dann könnt ihr es mit eigenen Augen sehen.«

»Eine sehr gute Idee. Hast du Lust, Jeanne?«

»Und wie! Vielen Dank, Claudine, für den Kuchen und das Gespräch. Ich denke beim Spazieren weiter darüber nach. Vielleicht ist das ja der Beginn eines neuen Wegs für mich?«

☾

Welches Echo löst diese Geschichte in dir aus? Ist diese Sichtweise neu für dich? Spricht sie dich an? Achtest du darauf, dich selbst zu stärken, deine innere Quelle zu speisen? Hast du Lust, es zu versuchen?

CHLOÉS REZEPT

oder: Wie man seine Gefühle willkommen heißt

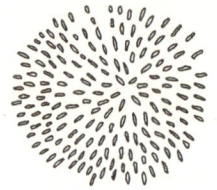

Chloé irrt durch ihre unkonventionelle, gemütliche Küche. Zu viele Gedanken schwirren ihr durch den Kopf. Zahllose Fragen, Wünsche in Hülle und Fülle. Sie versucht, sich wieder auf das zu konzentrieren, was heute Vorrang haben muss: die Rezepte vorzubereiten, die sie mit ihren nächsten Kursen kochen will. Aber sie weiß nicht, wofür sie sich entscheiden soll, und die Anspannung wächst. Auf ihrer langen Arbeitsplatte ist das Chaos ausgebrochen. Küchenmaschine, Reibe, Knoblauchpresse, Kürbis, Grünkohl, Ingwer, Kurkuma ... Alles liegt drunter und drüber auf dem massiven Holz.

Chloé starrt auf das Desaster. Sie ist wie gelähmt, fühlt sich unfähig, eine Entscheidung zu treffen, zwischen den verschiedenen Möglichkeiten zu wählen. Welche Gerichte soll sie für die kommende Jahreszeit in den Mittelpunkt stellen? Welche Rezepte ihren Schülerinnen und Schülern beibringen? Ist dieses nicht zu schwierig? Jenes zu lang? Vorspeisen, Hauptgänge, Desserts ... Ist alles auch gut ausgewogen? Sie hat so viele Leidenschaften, so viel Wissen zu vermitteln. Sie ist wie erschlagen. Von ihren sprudelnden Ideen, von ihren Emotionen.

Letztere sind gerade dabei, sie zu überwältigen, sie völlig zu paralysieren. Dabei gibt Chloé sich größte Mühe, sie auf Distanz zu halten, sie ganz unten zu vergraben. Nur nicht herauszulassen. Das wäre noch viel schlimmer. Sie holt tief Luft, ihr Blick schweift über das Kuddelmuddel, das sie angerichtet hat. Darin kann man sich unmöglich zurechtfinden. Sie seufzt laut auf.

Sie könnte Manon anrufen, mit der sie manchmal zusammenarbeitet, um Hilfe bitten, die gereichte Hand ergreifen. Aber das kann sie nicht. Außerdem soll niemand sie in einem derart verletzlichen Zustand sehen.

Angesichts des Wirrwarrs, das vor ihr herrscht, des Tohuwabohus an Texturen und Farben, all der Unvereinbarkeit, steigt Wut in ihr auf.

Reiß dich zusammen, Chloé, so kann das nicht weitergehen!

Also packt sie hastig ihre Tasche. Flüchtet schmerzerfüllt, tränenüberströmt. Ein Bus, ein Zug. Richtung Meer, Normandie, Houlgate.

Am Strand angekommen, wird sie vom pfeifenden Wind, den donnernden Wellen ergriffen. Überrumpelt, umgehauen. Wie von einer Ohrfeige. Die Gischt, die Kälte, die Wucht des Winds, der Geruch des Meers ... All das wirkt wie ein Wecker. Schreckt sie aus dem Schlaf.

Während sie sich in den Anblick des Wassers versenkt, lässt sie noch einmal alles Revue passieren, was sie quält, betrachtet die Gefühle, die sie bestürmen, und was sie verbergen, was sich tief dahinter versteckt. Sie gibt jeder einzelnen Empfindung den Raum, den sie braucht. Den Raum, den sie ihr so viele Jahre lang verwehrt hat. Und anstatt zu ertrinken, wird Chloé plötzlich von einer seltsamen Ruhe beseelt. Indem sie ihre Gefühle beim Namen genannt, anerkannt und willkommen geheißen hat, hat sie sich befreit. Die so gefürchtete Flutwelle hat sich zu ihrem Erstaunen in großen inneren Frieden verwandelt.

Die Füße fest im Sand vergraben, genießt Chloé den Moment, die schlichte Tatsache, sich Zeit zu geben, sich verankert zu fühlen. Sie spürt, dass sie gerade einen wichtigen Schritt getan hat. Sie denkt zurück an die Wahl, die sie treffen sollte und die sie auf einmal so verängstigt hat, daran, wie unfähig sie war, sich für eine Option zu entscheiden. An diese Wahl, die offenbar viele andere, ältere heraufbeschworen hat.

Chloé spaziert dicht am Meeressaum entlang. Laufen, ihren Körper in Bewegung setzen, schenkt ihr wieder Kraft. Ganz langsam keimt eine neue Rezeptidee in ihrem Kopf. Eine Kombination, an die sie noch nie gedacht hat. Ja … ja, das könnte interessant werden. Wenn nicht sogar köstlich! Sofort lässt sie sich in den Sand fallen, holt das kleine Notizbuch heraus, das sie immer bei sich trägt, und hält fieberhaft die Eingebung fest, die sie soeben hatte.

☾

Nimmst du dir auch die Zeit, deine Gefühle willkommen zu heißen? Gibst du ihnen Raum? Was fühlst du jetzt gerade in diesem Moment?

Die Zeit des Alchemisten

»Du gabst mir deinen Dreck, ich machte ihn zu Gold.«
Charles Baudelaire, *Die Blumen des Bösen*

Um ruhigen Schlaf zu finden, kann es hilfreich sein, sich beim Zubettgehen oder kurz vorher einen Moment Zeit zu nehmen, um die eigenen Gefühle willkommen zu heißen und negative Gedanken zu vertreiben.

☾ Wappne dich mit einem Blatt Papier oder einem großen Notizbuch, das du diesem Zweck widmest. Du kannst das Ritual jeden Tag oder nach Bedarf zelebrieren.

☾ Setz dich im Schneidersitz aufs Bett oder nimm einen Stuhl beziehungsweise die Bettkante und stell die Füße fest auf den Boden. Schließ die Augen. Konzentrier dich ein paar Sekunden lang nur auf deine Atmung. Dann bestimm dein inneres Wetter. Wie fühlst du dich? Ist der Himmel klar, wolkenlos oder eher stürmisch?

☾ Wenn du zurückgehaltene Emotionen spürst, lass sie auf das Papier strömen. Benenn sie. Schreib einfach drauflos. Wollen die Worte nicht fließen, ist das nicht schlimm. Du kannst auch kritzeln, Symbole zeichnen oder dich von Farben leiten lassen. Versuch nicht, etwas »Schönes« zu malen. Vielleicht bringen die Umrisse, Striche und Farben die Worte doch noch zum Sprudeln. Dann ergänze sie daneben. Mach so lange weiter, bis du den Eindruck hast, fertig zu sein, alles herausgeholt zu haben, was es herauszuholen gab. Nun kannst du das Ganze mit einer beruhigenden Farbe übermalen oder eine zweite Zeichnung anfertigen. Du wirst überrascht sein, wie sehr sie sich von der ersten unterscheidet. Oder du schreibst deine Wünsche nieder, den Zustand, in dem du dich befinden möchtest, nachdem deine Gefühle gehört wurden. Am Ende kannst du deiner Zeichnung oder deinen Notizen einen Titel geben.

Diese kreative Zeit erlaubt es dir, deine Gefühle willkommen zu heißen, ihnen Raum zu geben und sie zu verwandeln. Das schenkt Ruhe.

DOMINIQUES HAUS

oder: Die Kunst des Alltags

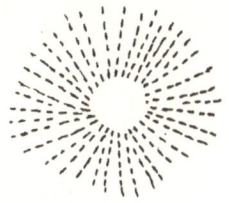

»Er wollte einfache, kleine Dinge, die ein Leben erfüllt
und glücklich machen.«
Grégory Nicolas, *Les Fils du pêcheur*

»Was hältst du davon, wenn wir noch einen Abstecher zu meiner Patentante machen, bevor wir nach Cancale düsen? Du
wirst sie bestimmt lieben!«

Léa hat Marguerite soeben auf dem kleinen Platz vor der
Post eingesammelt. Die Freundinnen haben einen Roadtrip geplant, ein paar Tage an der bretonischen Küste, um den Sommer gebührend ausklingen zu lassen. Bald ist der Wagen erfüllt von Lachen, Anekdoten und Musik. Mit offenen Fenstern
und wehenden Haaren genießen die beiden jungen Frauen ihr
Wiedersehen.

Irgendwann biegt Léa von der Landstraße auf einen schma-
len Weg ab. Hinter mächtigen Fichten entdeckt Marguerite ein
hübsches Steinhaus.

Dominique tritt heraus, um sie zu begrüßen, ein offenes Lächeln auf den Lippen. Überschwänglich schließt sie ihre Patentochter in die Arme. Léa blickt Marguerite erst aufmerksam an, ehe sie auch sie umarmt. In ihren Augen funkeln Energie und Schalk.

»Hereinspaziert, ihr zwei. Herzlich willkommen! Wollt ihr etwas trinken?«

Auf dem Tisch thront ein Strauß Gladiolen, das Küchenfensterbrett quillt über von Hortensien. Alles an diesem Ort verströmt ein Gefühl von Behaglichkeit.

»Was für ein schönes Haus! Man könnte fast meinen, es wäre lebendig, hätte eine Seele«, ruft Marguerite begeistert.

Dominique quittiert ihre Worte mit einem herzlichen Lächeln. »Vielen Dank, Marguerite, das bedeutet mir viel. Ich kümmere mich auch gut darum. Jeden Tag ein bisschen. Ich pflege die Kunst des Alltags, seine Schönheit.«

»Ach ja, das habe ich völlig vergessen zu erwähnen, Marguerite. Das ist das Lebensmotto meiner Tante: der Alltag.«

»Lach du nur, Léa. In deinem Alter fand ich den Alltag auch banal, stinklangweilig. Ihr sucht nach Intensität, nach Leidenschaft. Ich weiß, wie das ist, ich war genau wie ihr, ich habe dieses Wort verabscheut. ›Alltag‹, wie grässlich! Aber ihr werdet schon sehen, eines Tages versteht ihr, was ich meine. Dass das Salz des Lebens die kleinen Dinge sind. Ein Sonnenstrahl. Das Zwitschern eines Vogels. Ein Spaziergang im Frühling. Der berauschende Anblick des Meeres. Eine Aufmerksamkeit des Liebsten, die Freude eines Kindes. Die ersten Osterglocken, blühende Kamelien ...

Ich habe schon einige schwere Prüfungen überstehen müssen, Léa weiß, wovon ich rede. Aber das muss ja jeder. Wir alle machen früher oder später schmerzhafte Erfahrungen auf unserem Weg. Mir ist es nicht schlimmer ergangen als anderen. Doch diese Erfahrungen haben mich gelehrt, wie wichtig die kleinen Gesten sind, und seien sie auch noch so belanglos. Mehr Kerzen auf den Esstisch stellen. Das Wohnzimmer mit Blumen schmücken. Sich Zeit zum Kochen nehmen, das Essen nicht mechanisch, sondern mit Liebe zubereiten. Die Musik voll aufdrehen und zehn Minuten lang tanzen ... Ich rede nicht von teurem Luxus, sondern von Nichtigkeiten.

Ihr denkt, jetzt faselt sie schon daher wie eine alte Schrulle, das sehe ich euch an. Aber probiert es mal. Dann merkt ihr, dass es die kleinen Dinge sind, die das Herz erwärmen und einen auf Kurs halten, wenn der Gegenwind stärker wird.

Diese Kunst versuche ich, jeden Tag zu pflegen. Vielleicht kommt es dir deshalb so vor, Marguerite, als hätte dieses Haus eine Seele? Aber ich rede und rede ... Euch knurrt bestimmt der Magen, oder? Wie wär's mit einem Imbiss?«

Damit verschwindet Dominique durch die schwere Eichentür, die zum Vorratsraum führt, und taucht kurz darauf mit einem Korb unter dem Arm wieder auf. Farben, Aromen, Gewürze und Frische fluten den Küchentisch. Sie müssen nur noch zugreifen.

Am späten Abend machen sich die beiden Freundinnen wieder auf den Weg. Nachdenklich lässt Marguerite Dominiques Worte in sich wirken, sie erfüllen. Und wenn Léas Patentante recht hat? Wenn das Besondere tatsächlich im Alltäglichen liegt? In den Winzigkeiten?

EIN STURMTAG

oder: Der schwierige Dialog mit der Wut

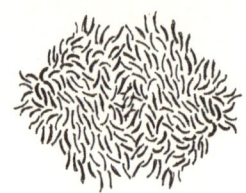

Wuterfüllt wirft Tom die Haustür hinter sich zu. Sofort ergießt sich prasselnder Regen über ihn. Auch das noch!

Wieder einmal konnte er sich nicht beherrschen: Schreie, die auf den Tisch donnernde Faust, die Szene scheint sich in Dauerschleife zu wiederholen.

Natürlich tut es ihm jetzt schon leid. Und er fühlt sich schuldig, wie immer. *Warum bin ich so aufgefahren? Das war völlig unverhältnismäßig! Warum bin ich nur so?* Er kommt sich vor, als wäre er in einem Teufelskreis gefangen. Wie soll er sein Temperament bloß überlisten?

Ein Glas Wasser. Ein einfaches Glas Wasser, das sein Sohn beim Abendessen umgestoßen hat, mehr war nicht nötig, um ihn rasend zu machen und aus der Haut fahren zu lassen. Wie üblich versuchte seine Lebensgefährtin, die Situation zu entspannen, seinen Sohn zu beschwichtigen. Alles an ihr zeigte ihm, wie übertrieben seine Reaktion war. Was ihn natürlich nur noch mehr aufbrachte. Gegen sie, die immer so ruhig

bleibt. Die ihm seine eigenen Schwächen vorführt. Seine Un-
fähigkeit, mit diesem Kind zu kommunizieren.

Er kann so nicht mehr leben. Schon seit Monaten wird der
Stress bei der Arbeit immer schlimmer. Was hat seinen Partner
und ihn nur geritten, dieses Projekt anzunehmen? Bis vor Kur-
zem lief ihr Architekturbüro super, aber jetzt haben sie eine
Pechsträhne. Auf einer wichtigen Baustelle geht es nicht voran,
und die unbezahlten Rechnungen stapeln sich höher und höher. Seit einiger Zeit hat Tom den Eindruck, dass er seine Tage
nur noch damit verbringt, sich zu arrangieren, zusammenzu-
reißen. Bloß um dann abends bei seinem Sohn in die Luft zu
gehen. Der überhaupt nichts dafür kann. Der um nichts davon
gebeten hat. Jedes Mal nimmt Tom es sich ein bisschen mehr
übel. Vor allem, weil die Wutausbrüche sich häufen. Wenn er
doch nur nachts Schlaf finden würde!

Mit langen Schritten durch den kalten Abend zu stapfen,
tut ihm gut. Der Regen hat aufgehört. Trotzdem kann er die
Schuld, diese heimtückische, aufdringliche Begleiterin, nicht
abschütteln. Er kaut sich die Fingernägel blutig. Er muss zurück. Sich entschuldigen. Bei Bastien. Bei Julie.

Aber wie soll er diese endlose Spirale durchbrechen? Wenn
es ihm bloß gelingen würde, ein paar Sekunden innezuhalten,
sobald er die Wut in sich hochkochen spürt, bevor er aufbraust,
losbrüllt. Wenn er sich bloß einen Moment lang beherrschen
könnte, um sich vor Augen zu führen, was sich in ihm abspielt,
um zu begreifen, woher die Wut rührt, welcher Gedanke, welches Gefühl sich dahinter verbirgt. Und um schließlich her-
auszufinden, ob die daraus entspringende schlechte Laune gerechtfertigt ist. Heute Abend war sie das natürlich nicht. Aber
wenn er so darüber nachdenkt, ist es genauso wenig gerecht-

fertigt, dass er seinem Partner Gwen gegenüber, der in letzter Zeit leichtsinnige Risiken eingegangen ist und sie in eine heikle Situation gebracht hat, den Mund nicht aufmacht. Das sollte er wirklich ändern.

Seine Wut zähmen, sie besser zu steuern lernen ... Zuerst in sich gehen, sich die Zeit nehmen, sie zu reflektieren. Sie auf die Gedanken und Gefühle prüfen, die sie anfachen. Dann entscheiden. Sie sich entladen lassen, wenn sie gerechtfertigt ist. Tief Luft holen, um die Nerven zu beruhigen und Abstand zu gewinnen, wenn nicht. Aber er muss es unbedingt versuchen. Er versteht jetzt, dass es nichts Schlimmeres gibt, als seine Wut nicht zum Ausdruck zu bringen, sie unter den Teppich zu kehren. Denn dort lebt sie weiter, schwelt und wächst, bis sie schließlich völlig maßlos hervorbricht. Da muss er sich nur seinen Vater anschauen, der vor lauter Stress und unterdrücktem Zorn ein Geschwür bekommen hat.

Vielleicht könnten sich manchmal auch andere, nützliche Blickwinkel herauskristallisieren. Er würde es gern schaffen, einen Schritt zurückzutreten, zu beobachten, zu agieren, statt zu reagieren. Das geht natürlich nicht von heute auf morgen, aber er will daran arbeiten. Für Bastien. Für Julie. Für sich selbst.

☾

Welches Verhältnis hast du zur Wut? Wirst du, so wie Tom, manchmal von ihr überwältigt? Oder kannst du sie eher schwer zum Ausdruck bringen? Was würdest du davon halten, einmal in die Haut des Beobachters zu schlüpfen (siehe S. 116) und ein Stück abzurücken, um auch agieren zu können, statt nur zu reagieren?

DAS SALZ IN DER LUFT

oder: Verletzlichkeit wagen

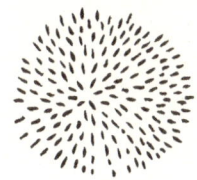

Eingemummelt in ihre rote Strickjacke und den Dufflecoat wandert Yasmina an der felsigen Steilküste entlang. Ihre Haare tanzen im kräftigen Wind wie wilde Kobolde.

Eben ist sie hierher gerannt. Immer lauter werdende Stimmen, gereizter Tonfall ... Yasmina erträgt die ständige Anspannung nicht mehr, die sie jeden Tag ein bisschen mehr erstickt. Deshalb ist sie geflüchtet, ans Meer, zu den Möwen, Freiheit, Luft schnappen. Neue Energie schöpfen aus der Einsamkeit. Wenn die Emotionen überzuschwappen drohen, kennt Yasmina das Gegenmittel: sie in die Wellen gießen. Aus dem Wasser, dem Wind, den Elementen zieht sie ihre Kraft. Eine große innere Kraft. Sie wird gern als zart und zerbrechlich wahrgenommen. Ihre Überempfindlichkeit sorgt oft dafür, dass ihre Gefühle sie überrollen. Erst mit der Zeit hat sie begriffen, dass sie hypersensibel ist, dass dieses Wort eine andere Daseinsart umreißt. Außergewöhnlicher. Als zurückhaltender Mensch versteckt Yasmina sich häufig hinter einem schüchternen Lächeln. Doch tief in ihren Augen sieht man das Feuer flackern. Hier an der Küste spürt sie allmählich die Energie in ihren Körper zurückkehren. Ihre Schritte werden schneller, länger. Eine Idee keimt in ihr. Und mit Willensstärke, das weiß Yasmina, kann sie alles erreichen. Wenn sie erst neue Kraft getankt hat, hält sie nichts mehr auf.

Was, wenn es an der Zeit ist, sich nicht länger zu verstecken, sich endlich zu akzeptieren? Ihre Verletzlichkeit wie eine Fahne vor sich herzutragen, sich dazu zu bekennen, ihr wahres Ausmaß zu betonen? Zu zeigen, dass man gleichzeitig verletzlich *und* stark sein kann, dass sich das nicht ausschließt, im Gegenteil. Selbst wenn es paradox erscheint, selbst wenn … Plötzlich steigt eine machtvolle Überzeugung in Yasmina auf: Indem sie ihre Verletzlichkeit annimmt, ihr den nötigen Raum gibt, wird sie Stärke schöpfen.

Vor ein paar Tagen am Flughafen sagte ihr Partner zu ihr, sie sei zu zart besaitet, sie solle sich ein dickeres Fell zulegen. Da wäre Yasmina am liebsten aufgesprungen, hätte gebrüllt: *Siehst du denn nicht, dass meine Verletzlichkeit mein Antrieb ist, die Quelle meines inneren Feuers, meiner Kreativität? Dass sie zu leugnen, bedeutet, sie zu vernichten?*

Yasmina lenkt ihre Schritte zurück durch die Dünen, über den kleinen Pfad zu Audreys Haus, bei der sie ein paar Tage zu Besuch sind.

Alles ist ruhig, ihre Gastgeber sind anscheinend auch spazieren gegangen. Yasmina setzt sich an das Tischchen vor dem Fenster und fängt an zu schreiben. Sie lässt die Worte, die Überfülle in ihrem Kopf und ihrem Herzen auf das Papier strömen, schreibt alles nieder, was sie belastet, ohne sich um Zeichensetzung oder Stil zu scheren. Das ist ihre Medizin.

Sie verspricht sich, ihre Sensibilität ab jetzt zu hegen wie einen Garten, wie fruchtbaren Boden, den sie wässern und bebauen muss, damit er Früchte tragen kann. Und, wie Janus, die andere Seite des Kopfes zu zeigen: die Stärke.

Ja, ich werde Verletzlichkeit wagen, denkt Yasmina mit einem Lächeln.

Sie hört Geräusche. Ihr Partner ist zurück. Sie steht auf, strafft die Schultern. Es wird höchste Zeit, dass sie ihre Kraft unter Beweis stellt.

☾

Begleitet die Verletzlichkeit auch dich? Wagst du es, sie offen zu zeigen, oder bemühst du dich vielmehr, sie vor den Augen anderer zu verbergen? Könntest du sie als Verbündete betrachten?

Alle meine Bedürfnisse

Da Worte oft Verbündete sein können, wappne dich mit einem Notizbuch oder einem Blatt Papier – oder nutze den Platz auf der nächsten Seite.

☾ Stell dir die folgende Frage: Was brauche ich, um Ruhe zu finden, um gut zu schlafen? Welche Zutaten sind nötig für eine friedliche Nacht?

☾ Schreib die Frage nieder und beantworte sie. Erstell eine Liste. Notiere alles, was dir in den Sinn kommt.

☾ Versuch, deine Bedürfnisse zu erfüllen, zumindest einige. Sollte es am selben Abend nicht mehr möglich sein, nimm dir fest vor, den ein oder anderen Punkt in den nächsten Tagen umzusetzen.

Gute Nacht!

JEANS DEVISE

oder: Jeden Tag ein Schritt mehr

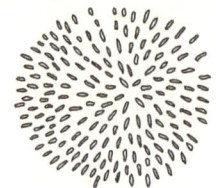

In Brunos Praxis fühlt Hélène sich pudelwohl. Schon seit vielen Jahren ist sie bei ihm in Behandlung. Gegen Ende der heutigen Sitzung bekommt sie auf einmal Lust, ihn auszufragen, mehr über ihn zu erfahren.

»Sag mal, warst du eigentlich schon immer Osteopath?«

»Nein, nein, ich war früher Leistungssportler. Doch, doch! Das hättest du jetzt nicht gedacht, was? Ich war Teil der Judo-Nationalmannschaft. Ich weiß noch, ich hatte die Olympischen Spiele fest im Visier. Und dann ... dann war plötzlich alles vorbei. Autounfall. Ich lag mehrere Monate im Krankenhaus, musste über ein Jahr ein Stützkorsett tragen. Schrecklich! Diese Zeit war sehr schwer für mich, tiefschwarz. Judo war mein Leben. Was sollte ich jetzt machen? Ich verfiel in eine lange, tiefe Depression.«

»Und was ist dann passiert? Was hat dich gerettet?«

»Tatsächlich die Osteopathie. Irgendwann hat es klick gemacht. Ich habe kapiert, dass ich nie mehr ein großer Sportler werde – zumindest nicht professionell –, aber dass ich trotzdem meinen Körper trainieren muss. Ganz einfach, um zu überleben. Also habe ich mich auf meine Behandlung konzentriert. Anfangs war es nicht leicht. Ich hatte das Gefühl, dass ich überhaupt keine Fortschritte mache, nicht vom Fleck komme. Aber dann habe ich mich an Jeans Devise erinnert.«

»Jeans Devise?«

»Ja. Jean war mein Großvater. Bis an sein Lebensende ist er jeden Tag spazieren gegangen. Ohne Ausnahme. Einmal, als wir zusammen in Biarritz die Strandpromenade entlanggelaufen sind, habe ich gespürt, wie er müde wurde. Also habe ich ihm vorgeschlagen, umzudrehen. Er hat heftig protestiert: ›Nein, nein, nein, auf keinen Fall. Ich muss meinen Schritt mehr machen.‹ ›Deinen Schritt mehr?‹ ›Ja, jeden Tag ein Schritt mehr, das ist der Schlüssel.‹ Da wurde mir klar, dass er dieses Prinzip auf sein gesamtes Leben angewandt hatte, egal, ob es um berufliche oder persönliche Weiterentwicklung ging, um sein Familienleben, seine Gesundheit ... Ein Schritt mehr, das bedeutete, gegen Krankheit zu kämpfen, gegen körperliche Erschöpfung, gegen das Alter ... Das war die Maßgabe für ihn, der schon so viel durchgemacht, so viel erlitten hatte. Die Lager, Tod, Vertreibung, Flucht ... Bei dem, was er erlebt hatte, durfte ich mich nicht beklagen. Deshalb habe ich beschlossen, mir seine Devise zu eigen zu machen. Ein Schritt mehr jeden Tag, das hieß auch, nicht alles auf einmal zu wollen. Sich in Geduld zu üben. Und das war zuerst wirklich nicht meine Stärke.«

»Und die Osteopathie? Wann kommt die ins Spiel?«

»Ach ja, bitte entschuldige, ich schweife ab. Ich habe mich, wie gesagt, auf meine Behandlung konzentriert. Bei den Reha-Übungen alles gegeben. Eine Osteopathin hat sich täglich um mich gekümmert. Und von all den Maßnahmen, die ich bekam, brachte mir das irgendwie am meisten. Das weckte mein Interesse. Zunächst war es reine Neugier. Und irgendwann habe ich dann begriffen, dass ich vielleicht nie wieder in der französischen Nationalmannschaft sein würde, aber weiter mit Sportlerinnen und Sportlern arbeiten konnte – als Osteopath. Also habe ich eine Ausbildung angefangen.«

»Und einfach so dein Leben umgekrempelt?«

»Ganz genau. Und ich kann dir versichern, ich habe es keine Sekunde lang bereut. Endlich habe ich mich gefunden. Ich führe vielleicht nicht das Leben, das ich mir mit zwanzig vorgestellt habe, aber ich bin glücklich. Ich fühle mich recht am Platz, im Einklang mit dem, der ich tief im Inneren bin.«

Auf dem Heimweg denkt Hélène noch lange über diese Worte nach. Ohne es zu ahnen, hat Bruno ihr eine gute Lektion vermittelt. Nicht alles auf einmal wollen, die Dinge nicht überstürzen, sich nicht direkt ans Ziel wünschen, sondern Geduld haben, den Weg gehen. Langsam, Stück für Stück. Selbst wenn er manchmal steinig ist, voller Fallstricke, und nicht sofort Antworten auf unsere Fragen liefert. Auch an Umwege glauben, an verschlungene Pfade, nicht nur an vorgezeichnete.

Ja, jeden Tag ein Schritt mehr. Sich Zeit lassen, verschnaufen, ganz bewusst atmen. Ein, aus. Das Alte ausstoßen, das Neue aufnehmen.

EILE MIT WEILE

oder: Geduld lernen

Helena liegt auf ihrem grauen Sofa und hat die Lust verloren. An Gerüchen, am Leben. Sie, die normalerweise vor Energie sprüht, Tausende Pläne hat, fühlt sich plötzlich völlig ausgelaugt. Eine undurchdringliche Dunkelheit hüllt sie ein, raubt ihr das Lächeln, die charakteristische Heiterkeit.

Obwohl sie todmüde ist, schafft sie es nicht, zur Ruhe zu kommen, Atem zu holen. Ihre Arbeit ist ihr zu schwer, unerträglich geworden. Jeden Morgen ist ihr zum Heulen zumute. Sie kann unmöglich hingehen, sie sollte im Bett bleiben, tagelang nur schlafen, sie spürt es. Aber ihr bleibt nichts anderes übrig. Sie muss hingehen. Sie muss unbedingt an diesem Meeting, an jener Geschäftsreise teilnehmen. Also steht sie auf, geht zum Schrank, zieht sich an. Wie ein Roboter. Aber wie lange wird sie das noch durchhalten? Die Schere zwischen dem Menschen, der sie wirklich ist, und der Rolle, die sie spielt, die sie sich bei der Arbeit aufzwingt, wird immer größer.

Heute lässt ihr Körper ihr schließlich keine Wahl mehr. Die Schmerzen in ihrem steifen Nacken verdammen sie zur Reglosigkeit. Sie muss eine Lösung finden. Eine Pause machen. Schlafen. Durchatmen. Sich entspannen.

Sie weiß, dass sie den Job, vielleicht sogar den Wohnort wechseln muss. Aber was soll sie tun? Worauf hätte sie Lust? Was könnte sie überhaupt tun? Wie soll sie sich weiterbilden? Und wo will sie hin? Natürlich würde sie gerne näher ans Meer ziehen, in die Normandie, zu der sie eine enge Bindung hat, zu den Kreidefelsen von Étretat, die sie erfüllen. Aber ...

Die Fragen in ihrem Kopf lassen nicht nach – ein wilder, endloser Reigen. Wenn sie doch nur die Antworten kennen würde.

Als Juliette anruft, um sich nach ihr zu erkundigen, bekommt Helena was zu hören: »Mensch, wie sollst du im Moment denn auch Antworten haben? Du musst dich erst mal erholen. Dein Gehirn ist viel zu benebelt. Für dich heißt es jetzt: keine Fragen, keine Antworten, nur Ruhe. Punkt! Du musst dich schonen, gut zu dir sein. Schlaf, etwas anderes kannst du gerade nicht tun. Danach sehen wir weiter. Kommt Zeit, kommt Rat.«

Monate vergehen.

Monate vergehen, und ein Jahr später blickt Helena verwundert auf jene Zeit zurück. Inzwischen hat sie gekündigt, ist umgezogen, hat einen neuen Job angefangen. Eine beeindruckende Wandlung. Am Ende ist sie nicht in der Normandie gelandet, sondern in La Rochelle, wo sie eine Stelle gefunden hat, in der sie mehr Sinn sieht, sich nützlich fühlt. In ihrem Leben hat sich unglaublich viel bewegt. Im Nachhinein erkennt sie, dass sie es einfach nur zulassen musste. Das Unwissen aushalten, sich in Geduld üben, und vor allem Vertrauen haben. Tiefes Vertrauen. Stück für Stück haben sich die Dinge gefügt. Langsam. In ihrem eigenen Tempo.

Helena muss an einen Satz aus den Märchen ihrer Kindheit denken: »Eile mit Weile.« Inzwischen ist ihr klar, dass das die reinste Wahrheit ist. Sie, die immer alles auf einmal will, voranprescht, sich verzettelt, muss – halb perplex, halb belustigt – anerkennen, dass das Sprichwort etwas für sich hat.

☾

Was hältst du von diesem Sprichwort? Bringt es etwas in dir zum Klingen, hast du es dir zu eigen gemacht? Möchtest du es vielleicht in dir wirken lassen?

DIE WEBERIN

oder: Eine Einladung zur Langsamkeit

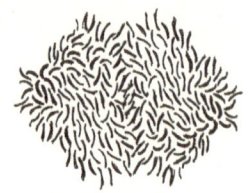

Sie webt in den Bergen von La Rioja in Spanien. Um sie zu finden, muss man die Gegend kennen. Felsen erklimmen, über einen Bach voll runder, glattpolierter Kiesel springen. Doch der Halt bei ihr lohnt sich. Ihr Sohn Javier führt uns hin.

Ihre langen Locken sind beinahe weiß. Sie sitzt mit dem Rücken zu uns. Ihre Hände huschen geschäftig hin und her, meistern Fäden und Schiffchen so virtuos, als würde sie ein Musikinstrument spielen, eine Harfe, die Muster statt Melodien hervorbringt.

Das Gebäude ist weitläufig, das Gebälk hoch. Eine Lichtkuppel im wahrsten Sinne des Wortes. Alles lädt zum Verweilen ein, dazu, sich der verstreichenden Zeit bewusst zu werden. Das Instrument wirkt gewaltig und mächtig. Es strahlt Vornehmheit aus. Der Rahmen ist aus Holz gefertigt. Man spürt ihn atmen. Eine große Friedlichkeit wohnt diesem Ort inne, wo die Garne auf die baldige Komposition warten. Geordnet nach Farbtönen und Materialien, gedulden sie sich neben den gebrochen weißen, wattigen Rohwollebergen. Draußen plustert sich die Natur auf, Pflanzen und Tiere wetteifern mit Farbenpracht und Gesängen.

Inés fragt uns, woher wir kommen, was uns herführt. Sie erzählt uns vom Weben, seiner Geschichte, erläutert uns leidenschaftlich ihren Beruf, seine Einflüsse. Durch die hohen Glasfenster, die den Raum mit Licht fluten, schwelgt sie in den Elementen ringsum. In den Farben, die sich mit den Jahreszeiten ändern. Und besonders im Wind, der sie inspiriert. Sie sucht nach Worten, um uns anschaulich den Zustand zu beschreiben, in den sie eintaucht, wenn sie die Fäden mit den Fingern lenkt, diese tiefe Konzentration, die sie auch Meditation nennen könnte.

Große Stärke geht von ihr aus. Man fühlt ihre feste Verankerung.

Wir bleiben nicht lange. Allein durch unsere Anwesenheit haben wir das Gefühl, das Gleichgewicht zu stören, die Seele dieses Ortes. Wir wissen uns nicht recht in Inés' Welt einzufügen, ihre so einzigartige Raumzeit, wo die Sekunden tropfenweise verrinnen. Den Abend werden wir in Logroño verbringen, einem Städtchen aus Stein.

Die Sonne geht allmählich unter. Langsam machen wir uns an den Abstieg über die steinigen, gewundenen Wege. Die Luft um unsere Schultern wird kühler. Der Puls der Stadt erwartet uns, doch unser Herzschlag hat sich verändert. Als wären wir ruhiger, schwereloser, ausgeglichener.

Inés' Beispiel bringt mich zum Nachdenken. Was könnte ich in meinen Alltag integrieren, um langsamer zu werden, mir Zeit zu nehmen, den hektischen Rhythmus zu entschleunigen, in dem ich gefangen bin?

Der Atem, ein nächtlicher Verbündeter

Die folgende Atemübung kannst du entweder liegend auf deinem Bett oder im Schneidersitz auf dem Schlafzimmerboden ausführen.

☾ Schließ die Lider und konzentrier dich auf das Dritte Auge, den Punkt zwischen deinen Brauen. Dann lenk deine Aufmerksamkeit auf deinen Atem.

☾ Atme ein. Atme aus. Nimm das Neue auf – wünsch dir eine geruhsame Nacht oder süße Träume –, stoß das Alte aus – vertreib alle Spannungen des vergangenen Tages.

☾ Ein, aus. Das Neue aufnehmen, das Alte ausstoßen.

☾ Wiederhol diese Übung ein paar Minuten lang.

Ich möchte noch eine weitere Atemübung mit dir teilen, die sehr wertvoll ist, um den Geist zu beruhigen und sich sanft auf den Schlaf einzustimmen.

🌙 Setz dich in den Schneidersitz. Wenn nötig, schieb ein kleines Kissen unter den Po, damit du bequemer sitzt.

🌙 Leg den linken Arm auf den linken Oberschenkel, die Hand im *gyan mudra* (Daumen und Zeigefinger berühren sich und formen einen Kreis).

🌙 Halte dir das rechte Nasenloch mit dem rechten Daumen zu. Achte darauf, dass die anderen Finger der rechten Hand zum Himmel zeigen. Schließ die Lider und konzentrier dich auf das Dritte Auge, den Punkt zwischen deinen Brauen.

🌙 Atme nur durch das linke Nasenloch ein und aus.

🌙 Führ die Übung einige Minuten fort, ganz nach Belieben.

DER FLUG DER SCHWALBEN

oder: Wie man Freiheit kultiviert

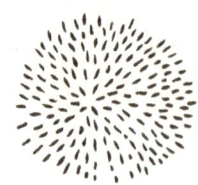

Sie sind wieder da.

Zuerst nur ein paar gestrichelte Linien am Märzhimmel. Kleine schwarze Umrisse am Horizont, luftige Federstickereien. Eine Partitur. Georges' fast durchscheinend blaue Augen erahnen ihren Tanz. Seit mehreren Tagen schon hält er nach ihnen Ausschau. Den Schwalben. »Seinen« Schwalben. Ihre Ankunft erfüllt ihn mit Jubel.

»Sie sind da! Sie sind zurückgekehrt«, erzählt er mir am Telefon. »Komm schnell!« Ja, ich komme, versprochen, ja, dieses Wochenende. Dann freuen wir uns gemeinsam darüber, ihre Nestchen wieder bewohnt zu sehen. Ich bringe Austern mit, du machst eine Schalottenvinaigrette, und wir heißen den Frühlingsanbruch willkommen, den wundersamen Zug der Schwalben.

Georges lächelt angesichts ihrer Treue, des Kreislaufs, dessen Boten sie sind – blühender Frühling, Wiedergeburt. Vor allem aber erkennt er sich in ihrer Freiheit wieder. Dieser Freiheit, die er schon sein ganzes Leben lang kultiviert, neben Blumen und Obstbäumen – Pflaume, Apfel, Kirsche. Die er manchmal teuer, sehr teuer bezahlen musste, aber niemals aufgegeben hat. Er hat immer Wert darauf gelegt, sein eigener Chef zu bleiben. Mehr als sein Möglichstes zu arbeiten, aber frei zu sein. Nur Befehle von der Natur ringsum, den Elementen zu erhalten. In seiner Werkstatt führt Georges Zwiegespräche mit den Bäumen, lauscht ihrem Atem, dem, was sie ihm zuflüstern, der Form, die sich in ihnen verbirgt und die er zum Vorschein bringen wird. Langsam. Geduldig. Ich bin gern in seiner Kunsttischlerei, seinem Refugium ganz nah am Himmel und den Jahreszeiten, rieche Sägemehl und Hobelspäne, höre Beethovens Opus 113, *Die Ruinen von Athen*.

Die Schwalben haben ihn schon immer fasziniert. Weil sie frei sind, frei, noch einmal von vorn anzufangen, die unendlichen Weiten zu durchmessen, die Meere und Ozeane, die Wüsten und Wälder, sich neu zu erfinden, sich Jahr für Jahr von den Dornen der Vergangenheit zu befreien. Sie richten sich in ihren Nestern auf Zeit ein, nur um zur nächsten Tagundnachtgleiche gestärkt wieder auszufliegen.

Nachts unter dem Sternenhimmel saugt Georges die Stille und die Düfte des erwachenden Frühlings in sich auf. Die Ankunft der Schwalben ist ein Versprechen. Welche neuen Horizonte dieses Jahr wohl eröffnen wird? Welche Projekte sprießen lassen?

☾

Wie sieht Freiheit für dich aus? Welche Bedeutung misst du ihr bei? Wie wäre es, wenn du von ihr träumst?

JULIENS ENTSCHEIDUNG

oder: Wie man sich dem Unerwarteten öffnet

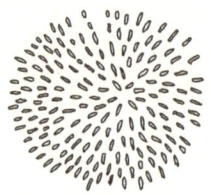

Seine Reise war schon seit Monaten geplant gewesen. Nach einem kurzen Aufenthalt in Frankreich kam Julien endlich in Kolumbien an, woher seine Lebensgefährtin stammte. Er hoffte, hier einen Job zu finden, an der Küste, in Cartagena oder dort in der Nähe. Natürlich würde er Luna nicht jeden Tag sehen können – sie arbeitete in einer anderen Stadt an der Grenze zu Ecuador –, aber zumindest manchmal. Öfter als in den vergangenen Monaten.

Tag für Tag aktivierte Julien sein Netzwerk, warf die Angel aus, führte Vorstellungsgespräche. Deutlichere Konturen zeichneten sich ab. Die Dinge nahmen Gestalt an. Alles, was er gesät hatte, begann Früchte zu tragen. Endlich.

Nach ein paar Tagen in Cartagena hatte er plötzlich eine Nachricht auf der Mailbox. Eine Reederei fragte an, ob er ein Segelboot von Panama nach Bora-Bora überführen wolle. Das

Flugticket nach Panama würden sie übernehmen, zusätzlich zu seinem Honorar. Das würde seine Rückkehr in den Südpazifik nach vorne verlegen, alle Pläne über den Haufen werfen, die er geschmiedet hatte, ihn wieder von Luna trennen ... Aber er würde bezahlt werden, es war ein konkretes Angebot, und er könnte die Kosten für sein Rückflugticket nach Tahiti sparen. So viel Geld, das er Luna schicken könnte, um ihr den Alltag zu erleichtern.

Trotzdem ... Es bedeutete, alles in Frage zu stellen, worauf er in den letzten Monaten hingearbeitet hatte. Und auch wenn er bisher weder einen Vertrag noch eine feste Zusage hatte, bestanden für ihn doch einige ernsthafte Optionen in Cartagena. Was nun?

Am nächsten Tag eine weitere Nachricht. Auf Huahine wurde eine Wohnung frei, ganz in der Nähe des Hafens von Fare. Wenn er immer noch eine suche, gehöre sie ihm. Huahine! Genau die Insel, auf der er sich nach seiner Rückkehr in den Südpazifik niederlassen wollte – es zog ihn weg von Tahiti. Und die Wohnung stand ab exakt dem Datum zur Verfügung, an dem er ankommen würde, wenn er das Segelboot überführte.

Ein wenig verdattert dachte Julien über diese beiden Angebote nach, die ihm innerhalb von vierundzwanzig Stunden quasi in den Schoß gefallen waren. Alles schien ihm zuzurufen: »Kehr zurück!« Aber ... was war mit all den Projekten, die er angeschoben hatte, was war mit Luna, die nicht sofort mitkommen konnte. Außerdem war er erst seit ein paar Wochen hier, obwohl er eigentlich vorgehabt hatte, mehrere Monate in Südamerika zu verbringen.

Was tun?

Tagelang grübelte er, versank in einem Meer aus Fragen und Zweifeln. Eines Morgens schließlich, nach einer Nacht tiefen Schlafs, erwachte er mit aufgeräumtem Verstand und klarem Blick, eine Gewissheit im Kopf: Er musste fahren.

An jenem Morgen spürte Julien, dass er keine andere Wahl hatte, als auf das Unerwartete einzugehen, diese überraschenden Angebote anzunehmen. Er musste nur Vertrauen haben, empfänglich bleiben und seinen Geist dem Unbekannten öffnen. Dann würde das Leben ihm schon die nächsten Etappen der Reise zeigen.

☾

Wie reagierst du auf Unvorhergesehenes, auf die Überraschungen, die das Leben bereithält? Kämpfst du dagegen an? Oder heißt du das Unerwartete willkommen, empfängst die Ungewissheit mit offenen Armen? Denk immer daran: Nichts läuft so wie geplant ...

EMMANUEL

oder: Wie man Ausdauer lernt

Aufgebracht sitzt Emmanuel vor seinem Klavier. Er kann nicht mehr. Alles, was er spielt, langweilt ihn, als hätte er den Geschmack daran verloren. Seit Jahren arbeitet er darauf hin, doch jetzt, wo er endlich am Ziel ist, lässt der Wohlklang ihn kalt. Als würde jener mit einer früheren Version von ihm harmonieren, die ihn heute nicht mehr betrifft. Dabei begleitet ihn dieser Traum schon so lange.

Er tigert in der großen Bibliothek umher, deren Wände von Büchern und Tonträgern bedeckt sind. Die Hände hinter dem Rücken verschränkt, hängt er düsteren Gedanken nach. So kann es nicht weitergehen, der Überdruss zerfrisst ihn, die Bitterkeit gewinnt mehr und mehr an Boden.

Emmanuel holt tief Luft, greift nach seinem Mantel und wirft die Tür hinter sich ins Schloss. Er geht spazieren. Das Laufen wird ihm guttun. Raschen Schritts entfernt er sich vom Dorf. Hier hat er sich vor einigen Jahren niedergelassen, um es ruhiger zu haben, um die Musik erwachen, sich entfalten zu

hören. Bald sind ringsum nur noch Wiesen, das kleine Wäld-
chen liegt direkt vor ihm.

Einen neuen Weg suchen? Ein neues Gebiet erforschen? Ja,
warum nicht, aber welches?

Im Zwiegespräch mit sich selbst fasst er einen Entschluss:
sich weiter auf die Musik zu konzentrieren. Er gelobt, sich
nicht in seine andere große Leidenschaft, die Malerei, zu flüchten. Das hat er in seinem Leben schon zu oft getan. Aufzugeben, wenn ein Vorhaben nicht so gelang wie gewünscht. Diesmal bleibt er an seinem Klavier, koste es, was es wolle. Die
Herausforderung wird sein, woanders Inspiration zu finden.
Wo? Das weiß er noch nicht. Aber eins ist gewiss: Er wird sich
anstrengen müssen.

Und das ist ehrlicherweise nicht seine Stärke. Emmanuel
hat noch nie ein Talent für Ausdauer besessen. Dafür viele andere. Besonders im künstlerischen Bereich ist er sehr begabt:
Musik, Malerei, Bildhauerei ... Aber etwas ganz neu zu lernen,
sich zuzugestehen, Anfänger zu sein, nichts zu können, das
fällt ihm schwer.

Er muss immer sofort brillieren. Sobald er auf Schwierig-
keiten stößt, ihm nicht alles gleich gelingt, sagt er sich, das
sei nichts für ihn, gibt auf und wendet sich etwas Neuem zu.
Lehrjahre liegen ihm nicht. Er ist so sehr daran gewöhnt, sich
hervorzutun, dass er dergleichen lange für unter seiner Würde
erachtet hat.

Noch heute verabscheut er dieses Wort. Doch nun, da er mit
dem Rücken zur Wand steht, begreift er, dass genau das seine
neue Aufgabe ist: Ausdauer.

Ihm wird klar, dass er neue Gewohnheiten entwickeln und
verinnerlichen muss, üben, üben und nochmals üben. Dass

Wiederholung und Einsatz der Preis des Lernens sind. Ein langer Weg liegt vor ihm – und wird ihm erhebliche Mühe abverlangen –, trotzdem beschließt Emmanuel, vielleicht zum ersten Mal in seinem Leben, nicht den Kurs zu ändern. Er kann es selbst kaum glauben.

Ein wenig leichteren Herzens macht er kehrt. Ein gewaltiger Berg ragt vor ihm auf. Doch wenn er erst einmal den Gipfel erklommen hat, wird der Ausblick unbeschreiblich.

☾

Ist das vielleicht der Schlüssel zu jeder persönlichen Entwicklung? Ausdauer, Einsatz? Sein Bestes zu geben, Tag für Tag?

Teemischung Dornröschenschlaf

Zutaten für einen 200-Gramm-Beutel

☾ 40 g Lindenblüte
☾ 40 g Verbene
☾ 40 g Orangenblüte
☾ 40 g Lavendel
☾ 40 g Melisse

Zubereitung

☾ Wasser auf 60 °C erhitzen, pro 250 ml einen Esslöffel der Mischung einrühren.
☾ 10 min ziehen lassen und abseihen. 1 Tasse abends vor oder nach dem Essen trinken.

Eigenschaften

Lindenblüte: Traditionell wird die Linde mit Weiblichkeit in Verbindung gebracht. Der heilige Baum symbolisiert Wahrheit, Milde und Schlichtung. Seine Blüten haben eine hypnotische Wirkung und fördern den Schlaf, weil sie das Nervensystem entspannen.

Verbene: Diese milde, aromatische und beruhigende Pflanze ist ein Symbol für Frieden, Überfluss und Gesundheit. Ihre Blätter lindern Stress und Anspannung, während sie gleichzeitig das Verdauungssystem anregen. Besonders verlockend ist ihr frischer, zitroniger Duft.

Orangenblüte: Die weiße, fein duftende Blüte symbolisiert die Reinheit und Keuschheit der Unbefleckten. Früher trugen junge Bräute sie als Zeichen der Fruchtbarkeit. Sie ist zart, kostbar und hat eine schmerzlindernde, beruhigende Wirkung. Damit mildert sie Angst, Stress, Depressionen und fördert den Schlaf.

Lavendel: Der betörend duftende Lavendel wird mit Sonne und Wärme assoziiert und steht für Gelassenheit, Ruhe und Zärtlichkeit. Er ist das ideale Geschenk. Mit seinen beruhigenden und schmerzstillenden Wirkstoffen lindert er Schlafstörungen.

Melisse: Die Melisse ist eine krautige Pflanze mit lieblichem Duft. Sie symbolisiert Charme, Fröhlichkeit, Lebensfreude. Auch wegen ihrer entspannenden und beruhigenden Wirkung ist sie sehr beliebt.

Interessanterweise haben all die genannten Pflanzen eine kombinierte Wirkung auf Nerven- und Verdauungssystem, da Darm und Gehirn eng miteinander verbunden sind. Ihre schmerzstillenden, beruhigenden und hypnotischen Eigenschaften machen diesen Tee zu einem hervorragenden Verbündeten des Schlafs.

Es gibt keine Kontraindikation gegen die Mischung der Pflanzen, im Gegenteil: Die wechselseitige Ergänzung der Wirkstoffe steigert die Effektivität.

Wohl bekomm's!

Rezept von Camille Schweickhardt, ganzheitliche Beratung

RUE DES PYRÉNÉES

oder: Auf die Fülle vertrauen

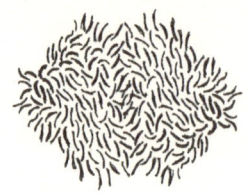

Zehn Uhr an einem schönen Frühlingsmorgen in Paris. Rose spaziert durch die Rue de Ménilmontant. Die Luft ist mild, die Bäume blühen. Der erste Trödelmarkt der Saison. Rose durchkämmt ihn freudig. Mit fachkundigem oder zumindest geübtem Blick studiert sie die Stände, einen nach dem anderen. Man kann ja nie wissen.

Plötzlich erregt ein Schild ihre Aufmerksamkeit, das am Stamm eines Baums lehnt. Mit einem grünen Textmarker hat jemand darauf geschrieben: »Wohnung in der Rue des Pyrénées zu verkaufen. 53 m². Kontakt: 07 45 37 28 0X.« Rue de Pyrénées, genau der Ort, von dem sie und Yvan, ihr Lebensgefährte, träumen.

Rose hebt die Augen und begegnet dem Blick eines Mannes um die sechzig.

»Guten Tag, Monsieur. Haben Sie dieses Schild aufgestellt?«

»Guten Tag, Mademoiselle. Ja, ganz recht.«

»Also, hätte mir vorher jemand gesagt, dass mir auf dem Trödel eine Wohnungsanzeige unterkommt, hätte ich es nicht geglaubt. Das ist eine Premiere!«

»Stimmt, es ist ziemlich ungewöhnlich. Aber ich mag ungewöhnlich.«

»Ist die Wohnung schon verfügbar? Kann man sie besichtigen?«

Sie verabreden sich für den Nachmittag. Yvan ist skeptisch. Eine Wohnungsanzeige auf einem Stück Pappe mitten auf dem Bürgersteig? Aber er weiß, dass es zwecklos ist, Rose etwas ausreden zu wollen, das sie sich in den Kopf gesetzt hat. Also kommt er mit, wenn auch ein wenig widerstrebend.

Kaum haben sie die Schwelle übertreten, ist Rose sich sicher: Diese Wohnung ist wie für sie geschaffen, für sie beide! Altes Parkett, Kamin, offenes Wohnzimmer, unglaublich hell. Natürlich braucht man ein bisschen Fantasie, die Wohnung ist unsaniert, aber was für eine Pracht! Und da sie zur einen Seite auf eine Sackgasse und zur anderen auf einen Innenhof hinausgeht, ist sie total ruhig, geschützt vom geschäftigen Treiben draußen.

Rose wechselt einen Blick mit Yvan. Auch seine Augen funkeln. Er zwinkert ihr zu. Sie haben sich beide verguckt. Der sehr humane Eigentümer scheint nicht die Absicht zu haben, die Wohnung über eine Agentur zum Verkauf zu stellen oder den besten Preis rauszuschlagen. Das Paar verspricht, sich bald bei ihm zu melden.

Zurück auf der Straße fällt Rose Yvan euphorisch um den Hals.

»Freu dich nicht zu früh, Rose. Ja, die Wohnung ist super. Aber du vergisst eine Kleinigkeit: Wir haben absolut nicht die Mittel, sie zu kaufen.«

»Dann nehmen wir eben einen Kredit auf! Lass uns gleich einen Termin bei der Bank vereinbaren.«

»Wenn du willst ... Aber bei unserem Einkommen sehe ich da eigentlich keine Möglichkeit.«

»Warten wir's ab!«

Am Donnerstag bestätigt der Termin bei der Bank das Urteil des Onlinerechners. Ihr Einkommen ist zu gering für einen Kredit ohne Eigenkapital. Und Yvans kleiner Bausparvertrag macht auch keinen Unterschied.

Rose ist bitter enttäuscht. Diese Wohnung war für sie gemacht! Sie hat sich schon darin gesehen. Als sie den Eigentümer anruft, stimmt ihn die Nachricht ebenfalls traurig. Er hätte sich gefreut, wenn die Räume, in denen er geboren wurde, mit ihnen ein neues Leben beginnen.

Doch schon am nächsten Tag lächelt Rose wieder. Als unerschütterliche Optimistin kann sie das Leben einfach nicht schwarzsehen. Sicher ist eine andere Wohnung für sie bestimmt. Sie muss sich getäuscht haben, eingelullt von der Schönheit des Tages, der Sonne, dem blühenden Frühling ... Ja, es kommt eine andere Wohnung, kleiner, günstiger, und die wird ihnen gehören. Alles eine Frage der Geduld. Trotzdem ... Irgendwo tief im Hinterkopf kann Rose nicht aufhören, sich diese drei Zimmer vorzustellen, daran zu denken, zu hoffen. Und zu bitten.

Zehn Tage später erhalten Yvan und Rose eine E-Mail von mehreren Freunden. Entsprechend ihrer finanziellen Mittel bieten sie den beiden zinslose Darlehen an, um ihnen zu helfen, den Kauf zu stemmen und sich ihren Traum zu erfüllen. Zusammen ergeben die Beträge ein hübsches Sümmchen, das das Paar der Bank als solides Eigenkapital präsentieren kann.

Als Rose abends zu Bett geht, verschafft sich eine leise Stimme in ihr Gehör. Vielleicht ...

Ein paar Wochen später verkündet die Bankberaterin ihnen, dass ihr Kredit gewährt wurde. Mit Tränen in den Augen fügt sie hinzu, sie sei sich nicht sicher, ob ihre Freunde auch so großzügig gewesen wären.

Als Rose acht Monate später mit rundem Bauch durch die Wohnung in der Rue de Pyrénées schlendert, denkt sie bei sich, dass es richtig war, daran zu glauben. Ja, manchmal wird das Füllhorn genau zur rechten Zeit über dir ausgegossen. Manchmal kann ein Stück Pappe alles verändern. Man muss nur darum bitten.

☾

Hast du schon einmal darüber nachgedacht, dass die Fülle auch Teil deines Lebens ist? Richtest du manchmal Bitten an sie? Und wurden diese Bitten schon einmal erhört? Wie wäre es, wenn du es heute Abend vor dem Schlafengehen versuchst?

EINE SCHWIERIGE WAHL

oder: Wie man auf seinen Bauch hört

Was soll ich tun? Diese Stelle annehmen? Oder ins Ausland gehen? Eigentlich muss ich den Job annehmen, so ein Angebot kann ich nicht ausschlagen. Aber ... aber die Wahl ist wirklich schwierig. Und ich kann gar nicht richtig darüber nachdenken. Zu viele Gedanken, die durcheinanderschwirren, gegeneinanderprallen, kreuz und quer. Ich weiß nicht, wie ich einen solchen Posten ablehnen soll, wo er doch so begehrt ist, wo unzählige andere ihn gern hätten.

Okay, erster Schritt: aufhören, mir tausend Fragen zu stellen. Zweiter Schritt: Dieses Angebot ist eine Riesenchance. Natürlich muss ich es annehmen.

Nach diesem Entschluss schläft Marin beschwichtigt ein. Die Nacht ist unruhig, voll jähzorniger, kriegerischer Träume. Im Morgengrauen schreckt er, erfüllt von tiefem Unbehagen, aus dem Schlaf.

Während er sich anzieht und für den Tag bereit macht, verbannt er die Zweifel in den hintersten Winkel seines Kopfes. Als er aus dem Haus geht, findet er im Briefkasten eine

Werbebroschüre für eine Reise nach Südamerika. Genau dorthin hätte er gewollt, wäre ihm dieser Hammerjob nicht in den Schoß gefallen. Sei's drum. Ein paar Stunden später bekommt er eine Nachricht von einer Freundin: »Hallo zusammen! Ich habe ein peruanisches Restaurant in meiner Straße entdeckt, das sieht echt super aus. Habt ihr Lust, es morgen auszuprobieren?« Schon wieder Südamerika, das sich bei ihm in Erinnerung bringt. Was zum ...? Aber seine Entscheidung steht fest. Er schreibt eine entsprechende E-Mail an die Personalabteilung und seine zukünftige Chefin. So gibt es kein Zurück mehr. Sein Geist wird sich hoffentlich bald beruhigen.

Als er zwei Tage später abends nach Hause kommt, erregt ein Plakat seine Aufmerksamkeit: »Lateinamerikanisches Filmfestival vom 5. bis 12. April auf dem Campus.« Allmählich wird es albern! Er muss endlich den Plan begraben, ein paar Monate oder länger in Südamerika zu leben, jetzt wo er seine Wahl getroffen hat. Diese ganzen Zeichen werden langsam lästig. So viele innerhalb weniger Tage! Marin will den Zweifeln unter keinen Umständen das Feld überlassen.

Am Samstagabend trifft er sich mit seinen Eltern im Cadoret in der Rue Pradier, einem Restaurant, das sie gern besuchen.

»Darauf stoßen wir an! Erster Arbeitsvertrag, das muss gefeiert werden«, freut sich sein Vater.

»Oh nein, Papa, auf keinen Fall. Anstoßen, meinetwegen, aber ich habe wirklich keine Lust, diesen Vertrag zu feiern.«

Sein Vater schaut verdattert drein, während seine Mutter ihn prüfend mustert.

»Ich weiß, der Job ist super, das ist eine tolle Neuigkeit. Aber mir ist einfach nicht nach Feiern zumute«, versucht er zu erklären, während er mit seinem Glas spielt.

»In Ordnung, mein Schatz, ganz wie du möchtest. Wonach steht dir denn der Sinn?«, fragt seine Mutter diplomatisch.

Marin hat das Gefühl, in ihm würde sich ein Abgrund auftun. Alles zieht ihn ins Ausland, drängt ihn, seinen Lebenslauf um noch eine Erfahrung zu erweitern, ehe er in eine Festanstellung gezwängt wird. Ihm ist klar, dass das ein Luxusproblem ist. Er hat eine Wahl getroffen. Die der Vernunft. *Später kannst du immer noch kündigen*, sagt er sich. *Hör auf zu grübeln, guck lieber in die Speisekarte.* Da springt ihm eine Zeile ins Auge: »*Alfajores* mit *Dulce de leche*.«

Dulce de leche. Drei Worte, und Argentinien öffnet ihm die Arme. Verblüfft sieht Marin seine Eltern an. Jetzt ist er sich sicher. Die innere Stimme ist zu laut.

»Wisst ihr was? Ich glaube, ich werde den Vertrag doch nicht unterschreiben. Ich gehe ins Ausland, so wie ich es ursprünglich vorhatte, suche mir einen Job in Argentinien oder irgendeinem anderen südamerikanischen Land. Ich ... ich kann es euch nicht rational erklären, aber ich spüre einfach, dass das die richtige Entscheidung ist. Mit jeder Faser meines Körpers. Bitte versucht nicht, mich umzustimmen. Wochenlang habe ich hin- und herüberlegt, aber jetzt bin ich mir sicher.«

Seine Eltern sind ein paar Sekunden lang sprachlos. Doch Marins entschlossene Miene verrät ihnen, dass jede Diskussion zwecklos ist. Und immerhin bedeutet wählen auch wachsen. Vielleicht muss Marin diesen Schritt einfach gehen.

☾

Passiert es dir auch manchmal, dass du, wie Marin, Zeichen siehst, eine innere Stimme vernimmst, wie leise auch immer, die rein gar nichts mit der Vernunft zu tun hat? Und wenn ja, hörst du darauf? Vertraust du diesem inneren Kompass? Wie wäre es, wenn du dem, was man auch Intuition nennt, eine Zeit lang mehr Aufmerksamkeit schenken würdest?

Visualisierung

☾ Reib deine Hände aneinander, bis du spürst, wie Wärme und Energie sich entwickeln. Leg sie dann sanft über deine Augen, um diese zu entspannen. Lass die Hände ein paar Sekunden lang so liegen und atme ruhig. Konzentrier dich ganz auf das Ein- und Ausatmen.

☾ Schließ die Lider. Richte deine Aufmerksamkeit auf das Dritte Auge, den Punkt zwischen deinen Brauen, um nach innen zu blicken.

☾ Konzentrier dich weiter auf deine Atmung. Denk an einen Ort, den du besonders magst, einen Ort, der dir am Herzen liegt. Er kann der Vergangenheit oder der Zukunft entstammen, real oder imaginär sein, sich draußen in der Natur, am Ufer eines Flusses, des Meeres, oder drinnen in einem mollig warmen Haus befinden. Nun versetz dich selbst an diesen Ort, der dich glücklich macht, an dem du dich wohlfühlst.

☾ Lass die Bilder entstehen, die sich in dir regen. Vielleicht taucht plötzlich ein Pfad auf und lädt dich ein, ihm zu folgen. Tu es. Lass dich von allem leiten, was in dir Gestalt annimmt. Entdeckst du zum Beispiel ein Tier oder hörst du Geräusche? Folge dem Pfad, bis eine sanfte Erschöpfung dich überkommt. Geh immer weiter. Der Schlaf ist da.

Du kannst diese Übung im Schneidersitz (tagsüber zur Entspannung) oder liegend (abends zum Einschlafen) ausführen. Ähnlich wie die Autohypnose erlaubt dir die Visualisierung, zu dir selbst zu kommen, durchzuatmen. Sie hilft, Stress und Angst zu bekämpfen, und ist ein nützliches Werkzeug gegen Schlafstörungen. Indem sie dich in einen Dämmerzustand versetzt, bildet sie einen idealen Übergang zur Nachtruhe.

DER TAG DER AUSSTELLUNG

oder: Wie man seine Ängste überlistet

Es ist so weit. Der große Tag ist endlich da. Der Tag, auf den Sarah schon seit Monaten, wenn nicht gar seit Jahren wartet. Heute Abend findet die Vernissage ihrer allerersten Ausstellung statt. Vor Anspannung dreht sich ihr der Magen um. Sie schafft es einfach nicht aufzustehen, sie kommt nicht aus dem Bett. Seit zwei Tagen hat sie überall an Rücken und Oberkörper Ausschlag. Sie kann unmöglich hingehen, die Angst streckt sie nieder.

Was zunächst nur Unruhe, dann Beklommenheit war, hat sich zu einer waschechten Panik ausgewachsen, die mit Haut und Haaren von ihr Besitz ergriffen hat, wie ein wildes Tier, das in ihrer Brust wohnt und sie von innen auffrisst.

Sarah ist wie gelähmt. Ihr Liebster hat ihr ein wunderbares Frühstück gemacht, um sie aufzumuntern, zu beruhigen, aber sie kann nichts anrühren, bekommt keinen Bissen runter.

Ihr gefallen die Bilder nicht mehr, die sie für die Ausstellung ausgesucht hat, sie schämt sich dafür. Die Leute finden sie bestimmt alle lächerlich, völlig uninteressant. Was hat sie sich da nur eingebrockt?

Überhaupt, so eine Schnapsidee, ihre Bilder ausstellen zu wollen! Kaum zu glauben, dass sie jahrelang von diesem Tag geträumt hat. Ein schrecklicher Fehler! Dabei weiß sie doch, was sie mag: sich in ihr Atelier zu flüchten, zu ihren Farben, ihren Pinseln, ihrer Einsamkeit. Der Einsamkeit, die sie nährt, dem Quell ihrer Fantasie. Sich hinauszuwagen, sich allen zu präsentieren ... Sie kann nicht hingehen. Sie wird ihre Galeristin anrufen und ihr sagen, dass sie krank ist, sie sieht keinen anderen Ausweg.

Die Angst lässt Sarah erstarren. Angst vor der Kritik, vor den Emotionen, die sie überwältigen werden, wenn sie nicht den Geschmack der Öffentlichkeit trifft, wenn die Besprechungen negativ ausfallen, wenn ihre Kolleginnen und Kollegen über ihre Bilder lachen. Oder vielleicht kommt erst gar keiner. Das wäre noch schlimmer. Stell sich einer die Demütigung vor, wenn die Galerie heute Abend leer bleibt. Oder wenn die Presse sie zerreißt.

So sehr auf diesen Moment hingefiebert zu haben – auf eine Galerie, die ihre Arbeit schätzt und sie vertreten will, auf ihren Namen im Schaufenster, eine Ausstellung nur für sie allein – und ihn dann nicht genießen zu können: Was für eine Verschwendung!

Sarah ruft sich ihre Bilder in Erinnerung. Zusammen mit Jeanne und Simon von der Galerie hat sie gestern Abend noch lange an der Hängung gearbeitet. Die eigens für diesen Anlass entworfene Szenografie entspricht genau der Welt, die sie im Kopf hatte. Die beiden haben es geschafft, ihre Vorstellung lebendig werden zu lassen, greifbar zu machen. Sie hat wirklich unglaubliches Glück, von Jeanne vertreten zu werden, die ihre Sensibilität so gut einfangen kann. Ein absolutes Meisterwerk. Aber ...

Aber sich zur Schau zu stellen, im Mittelpunkt der Aufmerksamkeit zu stehen, sich den Blicken der anderen auszusetzen, geht über ihre Kräfte. Sie wird Jeanne anrufen, krankfeiern. Jeanne schlägt sich sicher auch ohne sie hervorragend. Außerdem kommt sowieso niemand, also ist es völlig egal, ob sie da ist oder nicht ...

Während sie sich unter Schmerzen krümmt, greift sie nach ihrem Handy. Sie hat mehrere Nachrichten erhalten. Freunde, die sich auf den Abend freuen und sehr wohl kommen werden, ihre Mutter, die in Gedanken bei ihr ist, und Jeanne, die ihr Fotos von der Galerie bei strahlendem Sonnenschein schickt, mit den Worten: »Gleich geht's los!!! Jetzt fehlst nur noch du! Hoffe, bei dir ist alles klar?«

Sarah sieht der Wahrheit ins Gesicht: Sie weiß, dass sie hingehen muss. Sie schlüpft unter die Dusche, versucht, sich nur auf das sanfte Prasseln des Wassers, auf ihren Atem zu konzentrieren.

Germain nimmt sie in den Arm und will ihr Mut machen: »Wir werden alle da sein, das weißt du. Es läuft bestimmt super. Und deine Bilder sind großartig. Hör auf, an dir zu zweifeln.« *Einfacher gesagt als getan*, brummt Sarah in Gedanken, aber sie ist froh, dass Germain immer bereitsteht, um sie zu stützen, wenn sie einknickt, wenn die Stürme in ihrem Kopf wüten.

Sie beschließt, ihren Geist kurz auszuschalten. Noch einmal bemüht sie sich, alle Konzentration auf ihre Atmung zu lenken, Abstand zu gewinnen. Sie geht die Gedanken durch, die sich hinter ihrer Angst verbergen, und benennt sie. So kann sie sie besser auf Distanz halten, ihnen nicht mehr Bedeutung zuschreiben, als sie verdienen. Und plötzlich hat Sarah das Gefühl, eine Zirkusvorstellung in ihrem Körper zu beobachten.

Sie wird ihre Angst wohl nicht völlig auslöschen können, aber wenn es ihr gelänge, sie einfach zuzulassen, wäre das schon ein großer Schritt. Und indem sie aus ihrem Inneren schöpft und die Hilfe von außen annimmt, von Germain, von ihrer Familie und ihren Freunden, von Jeanne, kommt sie weiter voran.

Ein paar Stunden später wird es Zeit. Sarah ist mit sich selbst, mit ihrer Angst verabredet. Es wird Zeit, dem gegenüberzutreten, was ihr solche Furcht einflößt, Zeit, allen, die es sehen wollen, ihre Werke, ihre Welt zu zeigen. Ihr Innerstes.

In der Rue Sampaix drückt sie fest Germains Hand, bevor sie die Galerie betritt. Ein paar bekannte Gesichter sind bereits da. Die Angst in Sarah zieht sich ein Stück zurück. Sie geht weiter. Ein Lächeln huscht ihr übers Gesicht.

Sie versucht, sich genau einzuprägen, was sich in ihr abgespielt hat. Natürlich wird sie sich nicht völlig von Angst und Panik befreien können, aber wenn sie sich die Zeit nimmt, ihnen ins Auge zu blicken, kann sie sie weit genug von sich fernhalten. Hoffentlich gelingt es ihr auch in Zukunft, diesen Weg zu finden, denn nein, das hier ist nicht ihre letzte Ausstellung. Was sie heute erlebt hat, ist erst der Anfang.

☾

Hast du selbst Ängste? Oder hattest du früher welche? Hast du dir die Zeit genommen, sie zu benennen, ihnen ins Auge zu blicken? Denn wo kein Schatten, da auch kein Licht, wo keine Furcht, da auch kein Mut ... Deshalb kann es eine wertvolle Hilfe sein, kurz innezuhalten, um deine Ängste zu zähmen.

MATHILDES WEG

oder: Vom Mut, man selbst zu sein

Mathilde sitzt grübelnd vor ihrer dampfenden Tasse Matcha mit Mandelmilch. Ein paar Misstöne stören ihren Geist. Hat sie die richtige Wahl getroffen? War es gut, auf ihren Bauch zu hören, sich selbst zu vertrauen? Momentan ist es nicht so einfach. Viele Ängste steigen wieder an die Oberfläche.

Die Anwaltskammer und ihre Robe, ihre steile Karriere aufzugeben, um sich als Stoffdesignerin selbstständig zu machen. Als Autodidaktin ohne Abschluss und Netzwerk. Für die meisten war das wohl völliger Wahnsinn. Ihr Vater jedenfalls hat sich noch immer nicht davon erholt. Und da ist er nicht der Einzige. Man denke nur an den Blick ihres ehemaligen Kollegen letzte Woche. Der hat mehr gesagt als tausend Worte.

Vor nicht einmal einem Jahr hat sie sich noch auf eine große Gerichtsverhandlung vorbereitet. Die Presse fing an, sich für sie zu interessieren. Alle Welt erzählte ihr ständig, was für einen schönen Beruf sie doch habe. Sie nickte. Natürlich wusste sie, dass sie Glück hatte, dass ihr Beruf tatsächlich faszinierend war, deshalb hatte sie ihn ja auch gewählt, sich hochgekämpft. Aber nach und nach war das Feuer in ihrem Inneren erloschen. Keine Emotionen sprudelten mehr in ihr, nichts bebte, wenn sie davon sprach. Sie hatte den Eindruck, etwas auswendig Gelerntes aufzusagen, ohne wirklich daran zu glauben, die Worte klangen hohl, als würde sie nicht mehr in ihrem eigenen Körper wohnen. Die Schere zwischen dem, was die anderen von ihr sahen, und dem, was in ihr schwelte, gärte, wurde immer größer.

Aber was sollte sie sonst machen, und vor allem, was *könnte* sie sonst machen?

Und dann kam dieser Fall, von dem so manch einer träumte. Als sie noch jünger war, hätte sie selbst alles dafür gegeben. Also verbannte sie ihre Zweifel in den hintersten Winkel und schritt beherzt voran, immer weiter.

Mitte Februar fuhr sie ein paar Tage in den Skiurlaub. Um mal rauszukommen, Luft zu schnappen. »Noch eine Piste, dann machen wir Schluss?« Beim dritten Schwung hörte sie ein hässliches Schnalzen, gefolgt von einem heftigen, stechenden Schmerz, der in alle Glieder ausstrahlte. Am nächsten Tag fiel das Urteil: Kreuzbandriss. Strafmaß: eine Operation und zwei Monate Krankschreibung.

Auf zunächst eher unbestimmte Weise spürte sie, dass ihr Körper verlauten ließ, was sie bisher angestrengt überhört hatte – sie konnte nicht länger den Schein wahren, sich selbst betrügen, es wurde Zeit, sich die wirklichen Fragen zu stellen.

Um ihre Panik, das unendliche Gedankenkarussell in ihrem Kopf zu beruhigen, fing sie an zu zeichnen. Ein Post-it hier, eins dort. Nach zwei Wochen bat sie ihre Mutter, ihr Papier, Stifte und Aquarellfarben zu besorgen.

Wenn sie einen Pinsel in der Hand hielt, stand die Zeit still. Schmerz und Unsicherheit lösten sich auf. Sie brannte wieder, entdeckte die Leidenschaft neu, die sie als Kind so erfüllt hatte.

Nach dem Abitur hatte Mathilde ursprünglich mit den bildenden Künsten geliebäugelt, wollte eine Kunstakademie besuchen, aber die Berufsaussichten schienen mager, um nicht zu sagen inexistent. Und ihr Vater wollte, dass sie etwas Ordentliches studierte, einen anständigen Beruf ergriff. Deshalb ... deshalb also Jura.

Immer wenn sie während ihrer Genesung malte, kehrte das Leben in sie zurück. Die Energie strömte durch ihren Körper, ihr Atem erwachte. Sie spürte, dass dies ihr Platz war. Obwohl die beiden Monate schon weit fortgeschritten waren, beschloss Mathilde, einige Onlinekurse zu belegen. Von Tag zu Tag wuchs ihre Überzeugung, als würde ihr jede Zelle zuflüstern: »Das musst du machen. Dafür bist du geboren.«

Ach ja? Und wovon soll ich leben? Was kann ich denn tatsächlich? Da draußen gibt es mehr als genug Leute, die talentierter sind als ich. Und Abschlüsse von Elite-Unis haben. Wie könnte ich mir da je einbilden, mit Kunst meinen Lebensunterhalt zu bestreiten? Außerdem ist es viel zu spät, um noch mal von vorn anzufangen.

Es war ein süßer Traum, doch sie musste realistisch bleiben: Malen würde ihr nicht die Miete bezahlen. Aber zurück in die Kanzlei und den Justizpalast? Das konnte sie einfach nicht. Bei der Vorstellung, wieder zur Arbeit zu gehen, packte sie eine gewaltige Angst. Zwei Wochen vor der Rückkehr, als die beruflichen E-Mails allmählich drängender wurden, tanzten Schlaflosigkeit und Panikattacken einen gebieterischen Reigen. Mathildes Hausarzt diagnostizierte einen beginnenden Burn-out und schrieb sie erneut krank. Das beantwortete zwar die Frage nach ihrer Zukunft nicht, aber es erlaubte ihr, weiter nachzudenken und nicht den Boden unter den Füßen zu verlieren.

Und dann ... dann kam der Wendepunkt.

Während ihrer Genesung hatte sie angefangen, ihre Werke in den sozialen Medien zu posten. Wie ein täglicher Termin, ihre ganz persönliche Art, Tagebuch zu führen, ihren aktuellen Gemütszustand zu teilen. Zu ihrer großen Überraschung waren ihre Seiten sofort sehr beliebt gewesen.

Das gab ihr Selbstvertrauen. Eines Morgens fragte sie sich, was wäre, wenn? *Was wäre, wenn ich es wage?* Vielleicht musste sie Nein zu ihrem Job sagen, Nein zu allem, was bisher ihr Leben war, um Ja zu sich selbst sagen zu können, sich auf sich selbst einzulassen?

Heute hat Mathilde ihre Anwaltsrobe an den Nagel gehängt. Natürlich verlief – verläuft – die Umstellung nicht reibungslos. Sie musste über ihren Schatten springen, allen Mut zusammennehmen, um sie selbst zu sein, das bequeme Leben, das sie sich aufgebaut hatte, hinter sich zu lassen, ihrer dunklen Seite die Stirn zu bieten. Inmitten ihrer schillernden Skizzen, der Ockertöne und des Magentas, erfindet sie sich weiter neu. Der Weg ist nicht immer leicht, und lang wird er auch, dessen ist sie sich bewusst. Ohne Geduld und Ausdauer geht es nicht – eine Verwandlung braucht Zeit. Und das ist vielleicht die größte Herausforderung. Aber dieser Weg bringt ihr auch Licht und Freude. Und durch das Gefühl, am rechten Platz zu sein, durch das leise Beben, das sie erfasst, sobald sie sich ihren Stiften nähert, weiß Mathilde, dass sie die richtige Wahl getroffen hat.

Manchmal muss man ganz dringend man selbst sein. Hattest du dieses Gefühl auch schon einmal? Oder hast du es vielleicht sogar heute? Eins ist sicher: Wenn du nicht du selbst bist, wer dann?

Geführte Meditation

Diesmal biete ich dir einen meditativen Ausflug an. Schon ein paar Minuten helfen, deinen Geist zu beruhigen und dich zu entspannen, um dich beim Einschlafen zu unterstützen. Natürlich kannst du das Vergnügen auch verlängern. Gute Reise!

☾ Leg dich hin. Mach es dir unter der warmen Decke gemütlich.

☾ Schließ die Augen und lausche.

☾ Lausche. Du brauchst nur die Ohren zu spitzen. Schenk all den Geräuschen um dich herum Gehör. Den ganz nahen und den weit entfernten. Den mitteilsamen und den mucksmäuschenstillen. Dem Rattern der Straßenbahn, dem Knirschen der Autoreifen auf dem Asphalt, dem Heizkörper, der hin und wieder munter wird, den Schritten eines Fußgängers, dem heulenden Wind. Sind diese Geräusche angenehm oder unangenehm? Vertraut oder fremd?

☾ Lausche. Dann richte deine Aufmerksamkeit langsam und ruhig auf dich selbst. Auf deinen Körper, deine Gefühle. Deinen Atem.

☾ Spürst du verspannte Stellen? Oder sogar schmerzhafte? Wenn ja, konzentrier dich darauf. Lenk deinen Atem dorthin und versuch so, die Stellen zu lockern.

☾ Bleib bei dir selbst. Was brauchst du? Was ist nötig, um den morgigen Tag gut zu bewältigen? Erlaub den Worten, den Bildern aufzusteigen, zu dir zu kommen. Und dann schlaf darüber. Morgen ist es Zeit, die Samenkörner der Nacht wachsen zu lassen.

OLIVIERS SALZ

oder: Wenn der Körper zum Boten wird

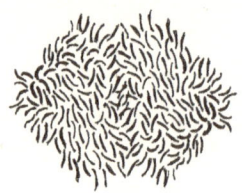

Wenn Olivier jetzt zurückdenkt, hat er das Gefühl, schon lange von seinem Körper abgeschnitten gewesen zu sein. Als hätte er jahrelang nur in seinem Geist gewohnt. Im Nachhinein erscheint ihm das völlig irre. Wie kann man nur so leben, jede Verbindung zu seinem Körper verlieren? Wie kann man vorwärtsdrängen, ohne verankert zu sein, sich in Bergen aus Stress verlieren und dabei bloß auf den Geist achten? Wie kann man einen derart grundlegenden Teil seiner selbst nur so vergessen?

Da ist es nicht verwunderlich, dass sein Körper sich eines Tages in Erinnerung gerufen hat. Und zwar lautstark. Natürlich hätte alles noch schlimmer sein können, aber die Warnung war deutlich genug, um Olivier klarzumachen, dass er keine Wahl mehr hatte, dass er dieser so lange geschmähten Hülle Beachtung schenken musste. Ein Gehirntumor. Zum Glück gutartig, aber ein echter Weckruf. Der Körper schlug Alarm, wie die Psychologen gerne sagten. Die Krankheit wurde zur Botin.

Und diesmal kam die Botschaft an. Olivier konnte nicht länger Scheuklappen tragen. Es wurde Zeit, dass er sich selbst ins Auge blickte, in sein Innerstes horchte und sich zuhörte. Was folgte, war eine lange Phase des Hinterfragens, nicht gerade angenehm – es war kein Zuckerschlecken, sich seinen dunklen Seiten zu stellen –, aber unumgänglich, das spürte er.

Er hatte nur ein Leben, das verstand er nun. Er durfte es nicht weiter vorüberziehen lassen. Was wollte er wirklich tun? Was inspirierte ihn? Er mochte viel, aber nichts stach wirklich heraus. Klarzusehen fiel ihm schwer. Nur eins war sicher: Er verspürte ein tiefes Bedürfnis nach Einklang, die Notwendigkeit, einen Beruf zu finden, der zu seinen Werten, zu seinem innersten Wesen passte.

Außerdem hatte er keine Lust mehr, den ganzen Tag unter künstlichem Licht zu sitzen und auf einen Computerbildschirm zu starren. In einem Büroturm gefangen zu sein, wo man die Fenster nicht öffnen konnte, wo es nur klimatisierte Luft gab, erschien ihm unbeschreiblich absurd. Er musste draußen arbeiten, wenigstens teilweise, seinen Körper spüren. Kaufmännischer Leiter einer großen Bildagentur ... Dieses Leben gehörte der Vergangenheit an.

Aber was sollte er sonst tun? Wie sich neu erfinden? Als Entscheidungshilfe fing er an zu meditieren. Erst laienhaft, doch als er nach und nach lernte, sich auf seinen Atem zu konzentrieren, fühlte er sich allmählich zu Hause in seinem Körper, fester mit dem Boden verwurzelt. Es war schon fast verrückt, wie physisch er das alles spürte. Zwischen seinem Körper, seinem Geist und seinen Emotionen entstand ein Gleichgewicht. Eine neue Daseinsart eröffnete sich ihm.

Als er eines Abends Sophie, eine befreundete Journalistin, in einer Bar traf, erzählte sie ihm von ihrer letzten Reportage. Sie hatte mehrere Tage bei Salzwerkern auf der Île d'Oléron verbracht. Kaum erwähnte sie die Salzgärten, wurde Olivier von einem heftigen Gefühl gepackt. Bilder, glasklare Erinnerungen aus seiner Kindheit bestürmten ihn.

Das ist es! Die Gewissheit war so stark, dass er einfach darauf hören musste. Vielleicht war das die vielbesungene Intuition?

Sofort setzte er sich mit der Landwirtschaftskammer der Pays de la Loire in Verbindung und machte sich auf die Suche nach einer Saline, die er übernehmen konnte. Unverhofft schnell brachte man ihn mit René zusammen, der im nächsten Jahr aufhören wollte und einen Nachfolger suchte.

Guérande. Dort würde also sein neuer Heimathafen liegen.

Heute arbeitet und lernt Olivier an den langen Salzbecken. Tag für Tag vollzieht sich die Übergabe. René ist ein geduldiger Lehrer, es gefällt ihm, diesen Beruf zu vermitteln, der seine Berufung war. Olivier wiederum fühlt sich so lebendig wie nie. Draußen an der frischen Luft, immer in Bewegung, schnaubt und tanzt jede Zelle seines Körpers. Trotz der Härte und Rauheit, trotz des Winds, der Grelle, der brennenden Muskeln ist er endlich eins mit sich selbst, mit dem, was sein Innerstes zum Klingen bringt.

Als Olivier seinen Körper wieder in Besitz nahm, hat er etwas in sich in Gang gesetzt. Seither weiß er, dass er seinen Weg gefunden hat.

☾

Was ist mit dir? Horchst du auch auf die Botschaften deines Körpers? Hat er dir schon einmal Signale gesendet? Hast du darauf gehört oder sie nicht beachtet? Was spürst du zum Beispiel heute Abend?

DIE KRAFT DER ROSE

oder: Wie man seinen inneren Raum schützt

»Gehst du morgen beim ersten Hahnenschrei mit mir Wildrosen pflücken?«

»Äh ... Was heißt ›beim ersten Hahnenschrei‹ genau?«

»Hahaha, ich mache dir wohl Angst! Es ist einfach besser, sie morgens zu pflücken, da sind ihre Knospen noch geschlossen, ihr Blütenkleid hat sich noch nicht in der Sonne entfaltet. Ich möchte ein Rosenöl herstellen, außerdem brauche ich ein paar für einen Koch. Der hat ein neues Rezept kreiert und dafür eine Sonderbestellung aufgegeben.«

»Ach super, ihr arbeitet mit einem Koch zusammen?«

»Sogar mit mehreren. Immer mehr Köchinnen und Köche sind darauf bedacht, wilde Pflanzen, Blumen und Kräuter zu verwenden, im Einklang mit der Natur. Für uns ist die Zusammenarbeit total spannend. Wir lernen jede Menge dabei!«

»Da komme ich natürlich gerne mit. Weckst du mich, wenn ich nicht rechtzeitig auftauche?«

Wir sind gerade bei Clémentine und Aurélien eingetroffen.

Drei Tage bei ihnen. Drei Tage Abschalten in ihrem Hafen der Harmonie, in dem die Natur regiert. Die beiden wohnen nun schon seit mehreren Jahren auf diesem Hof in Ille-et-Vilaine und bauen Teekräuter an. Sie haben alles mit ihren eigenen Händen erschaffen, sich herangetastet, in der Praxis gelernt. Im ehemaligen Viehstall haben sie den Trockenraum und den Kräuterladen eingerichtet, in dem Clémentine ihre Mischungen zaubert.

Die Fantasie scheint hier zu blühen wie die Blumen. Manchmal schält sie sich langsam heraus, manchmal quillt sie nur so hervor. Seit einiger Zeit malt Clémentine wieder. Schönheit und Fülle ringsum inspirieren sie. Wie könnte es auch anders sein? Also greift sie zu Stift und Pinsel. Ich bin überwältigt von den zarten Farben, ihrer Vielfalt, den feinen Abstufungen.

»Beeindruckend, nicht wahr? Stell dir vor, diese Palette an Rosa und Rot verdanke ich der Roten Beete, und diese wunderbaren Gelbtöne dem Hahnenfuß.«

»Was? Soll das heißen, du stellst deine Farben selbst her?«

»Aber ja. Das ist pflanzliche Tinte. Ich teste noch, aber ich bin jetzt schon begeistert. Es ist verrückt, was die Natur uns hier alles schenkt. Und wie sehr sie uns befruchtet.«

Das ist nicht zu übersehen. Die üppige Natur nährt Clémentine in mehr als einer Hinsicht. Neulich erst hat sie eine Auswahl an Papierwaren mit Pflanzenmotiven entworfen, die jetzt neben den Tees und getrockneten Kräutern zum Verkauf stehen.

Ihre Kreativität beeindruckt mich. Hätte ich doch auch eine solche Begabung!

»Um uns herum herrscht ein wahnsinniger Reichtum. Die Natur ist unglaublich großzügig, wenn man ihr Aufmerksamkeit zollt. Man müsste sich schon sehr anstrengen, um für ihre Botschaften unempfänglich zu bleiben. Sie verströmt ihre schöpferische Energie, ihre Schaffenskraft ja förmlich.«

»Ja, aber du trägst das alles auch schon in dir. Ich könnte so etwas nicht.«

»Da bin ich mir nicht so sicher. Weißt du, ich werde immer überzeugter davon, dass wir alle kreative Wesen sind. Dass wir alle die Fähigkeit dazu besitzen. Das soll nicht heißen, dass jeder es zum großen Maler bringen muss oder zur begnadeten Musikerin, Stardesignerin oder sonst was. Aber jeder kann auf seine Art, durch kleine Dinge kreativ sein. Als Kinder sind wir es ja auch. Ich glaube, wer sich für völlig unkreativ hält, wurde schlicht im Lauf seines Lebens gehemmt, durch die Schule, die Familie, das Studium ...«

»Hmm.«

»Probier es aus! Dann sprechen wir weiter.«

Am nächsten Tag im Morgentau spazieren Clémentine und ich durch die Natur und erfreuen uns an der aufgehenden Sonne und dem Zwitschern der Vögel. Nachdem wir einen dornenüberwachsenen, steinigen Pfad hinuntergelaufen sind, erreichen wir unser Ziel. Ein prächtiger Wildrosenstrauch erwartet uns. Mit einer kleinen Schere trennt Clémentine behutsam die Blüten ab und legt sie in ein Musselinsäckchen.

»Sie sind wunderschön, nicht wahr?«

»Und wie! Sie strahlen etwas aus, ich kann es nicht genau beschreiben ... Eine Mischung aus Stärke und Verletzlichkeit.«

»Absolut! Das ist die Kraft der Rose.«

»Die Kraft der Rose?«

»Ja, und sie fasziniert mich. Ich meine, wenn du ihr gelbgepudertes Herz und ihre anmutigen, rosa gesäumten Blütenblätter betrachtest, erkennst du ihre ganze Zerbrechlichkeit. Es ist schön zu sehen, dass sie so zu blühen wagt, dass sie den Mut hat, sich der Welt zu präsentieren. Doch kaum senkst du den Blick, entdeckst du ihre Dornen. Und du begreifst: Sie wacht auch über ihren Raum, schützt ihr Innerstes, zeigt ihre Grenzen auf. Sie hat diese Macht. Ich glaube, eben dazu lädt uns die Kraft der Rose ein: Stärke und Verletzlichkeit, Widerstandsfähigkeit und Sanftheit in uns miteinander in Einklang zu bringen. Ganz zu schweigen davon, dass sie Emotionen beruhigen kann, schmerzlindernd wirkt ...«

Wenn Clémentine erst einmal anfängt, über ihre Blumen zu reden, ist sie nicht mehr zu bremsen. Ich lausche ihr gebannt. Sie ist genauso großzügig wie die Natur in dem, was sie weitergibt. Ich nenne sie gern »meine inspirierende Freundin«. Sie lacht darüber. Dabei stimmt es. Als wir den Pfad wieder erklimmen, spüre ich, wie ihre Worte in mir wirken. Ich glaube, ich werde sie heute Abend um eine Tasse Rosenknospentee bitten. Vielleicht bin ich ja empfänglich für seinen beruhigenden Einfluss?

☾

Wie wäre es, wenn du die Kraft der Rose ebenfalls in dir wirken ließest? Womöglich wacht sie dann auch über deine Träume ...

ROMAINS PERSPEKTIVE

oder: Sich von der Vergangenheit befreien

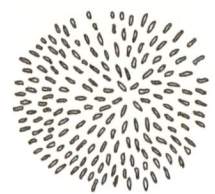

Es ist jetzt schon mehrere Jahre her. Seit der Trennung von Élise dümpelt Anton vor sich hin. Er kann sich einfach nicht von dem erholen, was er als Betrug empfunden hat. Er würde gerne einen Schlussstrich ziehen, ein neues Kapitel beginnen, aber irgendetwas hält ihn zurück. Während der Sturm tobt und der Regen ohrenbetäubend laut auf das Dach trommelt und gegen die Fenster peitscht, vertraut er sich Romain an.

»Glaubst du nicht, es wird allmählich Zeit, ihr zu vergeben?«, erwidert der.

»Ihr vergeben? Nach allem, was sie mir angetan hat? Das soll wohl ein Scherz sein!«

»Aber die Sache lässt dich doch nicht los, quält dich immer noch.«

»Na klar, wie denn auch nicht? Als würde es dir da anders gehen.«

»Dann könnte es dich vielleicht von einer großen Last befreien, ihr zu vergeben.«

»Wie soll das bitte funktionieren?«

»Nun ... Nehmen wir zum Beispiel mein kompliziertes Verhältnis zu meiner Mutter, du weißt schon, meine, milde ausgedrückt, sehr schwierige Kindheit. Ich habe es ihr lange übel genommen, dass sie nicht da war, dass sie mich nicht beschützt, mir nicht geholfen hat, als ich sie gebraucht habe, dass sie mich schlicht nicht geliebt hat. Das habe ich ihr nachgetragen, eine tief empfundene Ungerechtigkeit in mir gehegt. Diese frühe Verletzung ist nie verheilt. Das hat mich zermürbt. Eines Tages wurde mir bewusst, wie sehr es mich auffrisst. Dass es Gift für mich ist. Indem ich so lebte, diese Gefühle weiter nährte, immer wieder aufwärmte, tat ich mir selbst am meisten weh. Ich wollte damit abschließen, nach vorne schauen, weitergehen.

Keine Ahnung, wie, aber kurz nach dieser Einsicht hat sich mein Blick auf meine Kindheit verändert, als würde ich diese Zeit nun aus einer neutralen Perspektive betrachten. Ich habe erkannt, dass meine Mutter getan hat, was sie konnte. Sicher, das war nicht viel, und oft wäre es besser gewesen, sie hätte es gleich ganz gelassen, aber sie hat zweifellos ihr Bestes gegeben. Ihren Mitteln entsprechend. Wie sollte ich jemandem böse sein, der gar nicht die Möglichkeiten hatte, sich anders zu verhalten?

Das war wirklich befreiend für mich. Es hat mir eine große Last abgenommen. Damit will ich ihr Verhalten nicht entschuldigen oder gutheißen, überhaupt nicht. Aber ... ja, ich habe ihr vergeben. Es ist einfach so passiert.«

»Das ist sehr großzügig von dir. Und es freut mich für dich, aber ich glaube nicht, dass ich zu so etwas in der Lage wäre.«

»Also, eigentlich habe ich es nur für mich getan, nicht für

sie. So konnte ich das Kapitel ein für alle Mal beenden. Aber natürlich muss man es auch fühlen. Das ist keine Entscheidung, die man mit dem Kopf, dem Gehirn trifft. Man muss dazu bereit sein, und vor allem muss man es für sich selbst tun. Nicht für den oder die andere, und erst recht nicht im Namen irgendeiner Moral. Vielleicht könntest du darüber nachdenken, was es dir bringen würde, was du dabei gewinnst? Was würde passieren, wenn du Élise vergibst?«

»Stimmt schon, es ... würde mich von einer großen Last befreien, von ... von etwas, das noch viel zu oft an mir nagt.«

»Na also!«

»Aber ich glaube, in mir steckt noch zu viel Groll, zu viel Verbitterung. Ich komme einfach nicht über den Verrat hinweg.«

»Dann ist die Zeit wohl noch nicht reif. Wenn sich in dir noch zu viel Widerstand regt, nützt es nichts, die Sache zu überstürzen. Aber eines Tages wirst auch du die Situation mit anderen Augen sehen. In den Szenen des Lebens spielt jeder seine Rolle gemäß seiner eigenen Mittel. Sie hat die ihre gespielt, du die deine. Du solltest vor allem darauf schauen, was das in dir auslöst. Diese Motivation wird dich voranbringen.

Es ist unheimlich befreiend, nicht mehr von der Vergangenheit zurückgehalten zu werden. Und anders als man oft denkt, tut man so etwas in erster Linie für sich selbst. Man hilft in Wahrheit sich selbst, wenn man vergibt. Seit dieser Groschen bei mir gefallen ist, habe ich riesige Fortschritte gemacht. Und ich habe noch nicht einmal das Bedürfnis verspürt, es meiner Mutter mitzuteilen. Das geht nur mich etwas an.«

»So habe ich das noch nie betrachtet ... Ich habe immer gedacht, wenn ich Élise vergebe, tue ich ihr einen Gefallen, und das hat sie nicht verdient. Ich habe nie darüber nachgedacht, was es mir selbst bringen würde. Du hast mir neue Perspektiven eröffnet. Ich schätze, ich brauche noch ein bisschen Zeit, aber es wäre schön, endlich wieder frei zu sein.«

»Na, dann trinken wir auf diese neuen Perspektiven.«

»Gute Idee. Prost!«

Die Gläser klingen kristallklar im Licht der Abenddämmerung. *Ein Gespräch mit Romain ist doch immer wieder wertvoll*, denkt Anton bei sich. Vergebung ... Was, wenn es Zeit wäre, diesen Begriff in seinen Wortschatz aufzunehmen?

EINE WANDERUNG IN DEN CALANQUES

oder: Die Position des Beobachters

Hinter ihrem Verkaufsstand merkt Élisabeth, wie sie mal wieder in ihren Gedanken versinkt. Wenn genug Kunden da sind, wenn der Takt nicht erlahmt, geht es, dann ist sie in Aktion. Aber sobald der Andrang nachlässt, sobald der Markttag sich dem Ende neigt, schweift sie ab. Lang und weit.

Sie hat das Gefühl, nie fest in der Gegenwart verankert zu sein, nie ganz den Augenblick zu genießen. Wie neulich bei diesem Konzert. Monatelang hat sie sich darauf gefreut – sie hatte ihre Tickets schon sehr früh besorgt –, nur um es am Ende gar nicht wahrzunehmen, gar nicht auszukosten, weil ihr so viele Gedanken durch den Kopf schwirrten und sie vergifteten. Dieses Wort ist nicht übertrieben. Sie erinnert sich noch genau an ihre Enttäuschung, an ihren Ärger über sich selbst.

Dabei versucht sie es. Sie bemüht sich wirklich, sich auf das zu konzentrieren, was sie tut, in dem Moment, in dem sie es tut. Das Plätschern des Wassers auf ihrem Körper und ihrem Gesicht unter der Dusche zum Beispiel. Sie zwingt sich dazu, ganz bewusst zu duschen statt einfach nur mechanisch. Doch oft kommen die Gedanken wieder angaloppiert, und ihr Kopf macht sich auf und davon, ohne dass sie es überhaupt merkt.

Gestern im Radio hat ein Psychologe mehrfach wiederholt: »Sie sind nicht Ihre Gedanken.« Der hat leicht reden. Ihm würde es an ihrer Stelle doch nicht anders gehen. Auf dem Papier wirkt es immer ganz einfach, aber was tun, wenn man das Gefühl hat, sein Leben lang mit dem Kopf woanders zu sein oder vor sich hin zu brüten?

Sie hatte schon immer einen Hang zum Brüten – auch wenn sie dieses Wort hasst, weil es sie an Geflügel erinnert –, aber seit ein paar Monaten ist es noch schlimmer geworden. Sie kann nicht sagen, wie oder wann genau es begonnen hat. Doch unmerklich hat sie sich in einen Teufelskreis ziehen lassen. Und der Strudel ihrer Gedanken jagt ihr allmählich Angst ein.

Zum Glück hat sie für dieses Wochenende eine Wanderung in den Calanques geplant. Es gibt nichts Besseres als zu laufen, sich in Bewegung zu setzen, um den Geist zu beruhigen. Und die malerische Steilküste bei Marseille bietet sich dafür natürlich besonders gut an. Zumindest verschafft es ihr eine Verschnaufpause.

»Du warst schon mal hier, oder, Élisabeth? Willst du uns vielleicht führen?«, schlägt Camille vor.

»Oh nein, verlasst euch nicht auf mich! Ich habe absolut keinen Orientierungssinn.«

»Ach, das redest du dir bestimmt bloß ein. Ich bin vom Gegenteil überzeugt. Na los, kleine Tagesaufgabe: Du zeigst uns den Weg«, meint Alex.

Mayday, Mayday! *Aber wenn ich euch doch sage, dass ich mich nicht zurechtfinde,* denkt Élisabeth panisch, während eine leise innere Stimme ihr zuflüstert: *Na los, atme, versuch's.* Eine Dreiviertelstunde später haben sie den berühmten Schleichweg zur Bucht gefunden. Élisabeth ist erleichtert, beinahe stolz auf sich.

»Und wieder ein Irrglaube weniger«, trällert Camille.

Élisabeth lacht leise. Vielleicht hat ihre Wandergefährtin ja recht. Was, wenn durch das ständige Brüten aus gewissen Gedanken ein so starker Glaube wird, dass man sie am Ende für absolute Wahrheiten hält? Hat sie ihren Orientierungssinn nur verloren, weil sie sich fortwährend eingeredet hat, sie hätte sowieso keinen? Und liegt es womöglich nur an ihr, den Trend umzukehren? Immerhin hat sie es heute Nachmittag geschafft, ihre Freunde zu führen und diesen nicht eingezeichneten Weg zu finden. Also?

Also ist es entschieden, sie darf nicht länger in ihren Gedanken kleben. Möglicherweise stecken die nämlich hinter all den Irrglauben, die sie daran hindern, sie selbst zu sein und im Leben voranzukommen. Und um die heutige Erfahrung zu wiederholen, wird sie Camille nächste Woche zum Meditationskurs begleiten. Ihr erster Versuch war ein Fehlschlag. Sie hatte das Gefühl, ihre Zeit zu verschwenden und noch mehr als sonst von ihren Gedanken bestürmt zu werden. Das Stresslevel stieg nur. Toller Erfolg! Aber es schadet nichts, es noch einmal zu probieren. Vielleicht ist sie diesmal ja in einer besseren geistigen Verfassung?

Wie recht sie doch hatte, auf sich zu hören. Nicht aufzugeben. Nach und nach ist die Meditation Teil ihres Lebens geworden. Obwohl sie vor ein paar Monaten noch fürchtete, schier verrückt zu werden, hat sie inzwischen gelernt, sich von ihren Gedanken zu distanzieren, ihnen nicht mehr blind zu folgen. Natürlich sind sie immer noch da und auch immer noch genauso zahlreich, aber Élisabeth kann sie nun von sich fernhalten, Abstand gewinnen. Sie betrachtet sie von Weitem, ohne ihnen hinterherzulaufen, ohne sich mit ihnen zu identifizieren. »Sie sind weder Ihre Gedanken noch Ihre Gefühle.« Schlussendlich hatte dieser Psychologe recht. Mittlerweile meditiert Élisabeth jeden Morgen direkt nach dem Aufwachen. Nur zehn Minuten, aber die integrieren die neue Gewohnheit langsam, aber sicher in ihren Alltag. Und wenn sie sich im Lauf des Tages gestresst oder überwältigt fühlt, konzentriert sie sich ein paar Sekunden lang auf ihre Atmung. Dieser einfache Mechanismus erlaubt es ihr, sich neu zu fokussieren, in ihren Körper zurückzukehren, wieder die Position des Beobachters einzunehmen. Der sieht – manchmal belustigt – all die Gedanken vorüberziehen, ohne sich ihnen zu widmen. Als würde er weit über ihnen schweben. Wie viel angenehmer es doch ist, so zu leben, nicht immer in seinem Geist festzuhängen.

Élisabeth fasst es kaum. Wie konnte etwas so Simples eine derartige Auswirkung haben?

☾

Was ist mit dir? Hast du schon einmal versucht zu meditieren? Wie wäre es, wenn du dir heute Abend vor dem Schlafengehen zehn Minuten Zeit nimmst, um dich einfach auf deinen Atem zu konzentrieren, auf die Luft, die in deine Lunge fließt und wieder herausströmt? Was fühlst du dabei?

Der Beobachter

Nun ist es Zeit für eine kleine Yogaübung. Du kannst sie abends zum Abschluss deines Arbeitstags oder vor dem Schlafengehen machen, aber sie hilft zu jeder Tageszeit.

Indem du deinen Geist von allen darin herumschwirrenden Gedanken befreist, können Anspannung und Angst abklingen. Die Gedanken werden zwar immer noch da sein, aber du gewinnst Abstand und musst ihnen nicht mehr folgen. So fällt das Einschlafen leichter, und eine erholsame Nacht wird möglich.

☾ Wähl einen ruhigen Ort, an dem du nicht gestört wirst. Ehe du beginnst, kannst du dich in gedämpftes Licht hüllen, eine Kerze anzünden, ein Bild vor dich hängen, das du mit Schlaf assoziierst, an einem ätherischen Öl mit beruhigender Wirkung riechen (Römische Kamille, Bergamotte, Tulsi) oder etwas anderes tun, das dir hilft, einen für diese Meditation reservierten Rahmen zu schaffen. Schalte gerne auch Musik an, die dir gefällt und die dich entspannt.

☾ Setz dich auf einer Yogamatte oder einer gefalteten Decke in den Fersensitz und leg die Hände auf die Knie. Ist diese Haltung schmerzhaft für dich, kannst du auch ein Kissen oder eine weitere gefaltete Decke unter die Füße oder zwischen Fersen und Gesäß schieben. Achte darauf, dass deine Wirbelsäule gerade ist.

☾ Schließ die Augen. Senk mit der Ausatmung die Stirn auf den Boden. Bleib einige Minuten lang in dieser Position und atme langsam und tief. Dass dein Herz nun höher als dein Kopf liegt, wird deinen Geist beruhigen.

In Massen genießen!

ALLES NEU MACHT DER MAI

oder: Annehmen lernen

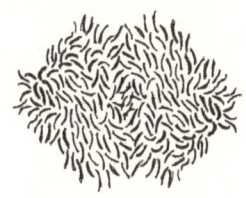

Seit ein paar Monaten grübelt Arnaud vor sich hin. Nichts scheint ihm mehr Freude zu bereiten, Würze zu geben. Als hätte er den Geschmack verloren. An allem, den Menschen, dem Leben. Nichts macht ihm noch Appetit, regt ihn mehr an. Ein grauer Schleier verhüllt alle Bereiche seines Lebens und lässt ihm keinen Ausweg. Nicht einmal an Abendessen, Klettertouren oder anderen Aktivitäten mit seinen Freunden findet er Spaß.

Dabei hat er im Herbst Schlag auf Schlag mehrere gute Neuigkeiten erhalten, eine tolle berufliche Chance und eine Wohnung in der Stadt, in die er bald ziehen will. Genau im Budget, genau im gewünschten Viertel, größer als erhofft, und, unerhörtes Glück, die Eigentümerin entschied sich sofort für ihn und beschloss, alle weiteren Besichtigungen abzusagen. »Wenn alle die gleichen Voraussetzungen mitbringen, zählt das

Menschliche. Und Sie wirken vertrauenswürdig.« Arnaud war erleichtert. Uff, er hatte eine Wohnung gefunden, und zwar innerhalb der Zeit, die er sich selbst gesetzt hatte. Aber ihn erfüllten auch Zweifel. *Die Wohnung ist nicht schlecht, klar, aber ist sie auch hell genug? Werde ich mich darin wirklich wohlfühlen? Auf dieser Straße ist nicht gerade viel los ...* Ein paar Tage später erzählte er bei einem Familienessen von seinen Zweifeln und Fragen. Halb verblüfft, halb belustigt, schaute seine Mutter ihn mit großen Augen an. »Du hast dich in den letzten Jahren so daran gewöhnt, Prüfungen überstehen und kämpfen zu müssen, dass du das Glück nicht mehr erkennst, wenn es dir lacht, die Geschenke, wenn sie dir in den Schoß fallen. Das musst du neu lernen.«

Neu lernen? Konnte er es denn je? Da ist Arnaud sich alles andere als sicher. Geben, ja, aber nehmen? Er erinnert sich daran, dass er als Kind aus Komplimenten nie schlau wurde, nicht wusste, wie er reagieren sollte. Das machte ihn verlegen, also senkte er den Blick, sah woandershin, murmelte irgendetwas. Später in der Jugend tat er oft so, als hätte er nichts gehört. Das muss ziemlich unhöflich gewirkt haben.

In der Liebe ist es ähnlich. Geben erscheint ihm natürlich, aber Nehmen? Das ist wahrscheinlich seine größte Herausforderung im Moment. Wie wagt man den Schritt, anzunehmen, zu empfangen, was der andere zu geben hat, sich lieben zu lassen? Die Hemmschuhe sind zahlreich: die Angst, sich wahrscheinlich wieder einmal zu täuschen, sich am Ende betrogen zu fühlen oder es nicht wert zu sein ...

Vermutlich ist es das, was ihn seit einiger Zeit blockiert, ihn dazu bringt, alles durch diese graue Brille zu sehen. Seine Mutter hat ins Schwarze getroffen. Er ist unfähig, das, was ihm geschenkt wird, richtig zu genießen, der Freude und Dankbarkeit darüber freien Lauf zu lassen, ob es sich nun um ein Kompliment handelt, ein Hilfsangebot oder eine Chance.

Doch wie soll er diese Neigung umkehren und eine Veränderung in sich anstoßen? Seine Angst teilen bestimmt nicht wenige. Wir errichten so viele Mauern, Schutzwälle um uns herum, weil wir einmal verletzt worden sind oder fürchten, verletzt zu werden.

Dabei ist es unmöglich, Geschenke zu empfangen, ohne andere an sich heranzulassen, die Tür zu öffnen, sein Innerstes zu entblößen. Den Schutzschild zu senken, aus seinem Schneckenhaus herauszukommen. Da liegt das Problem. Wie schafft man es, sich anderen so zu zeigen, wie man ist, in all seiner Verletzlichkeit, ungepanzert? Das Herz auf dem Silbertablett. *Oder auf dem Hackstock*, denkt Arnaud, ehe er sich fängt und die düsteren Gedanken vertreibt. Denn auch wenn die Sicht noch trübe ist, erahnt er die Kehrseite dieses Risikos: Den Geschenken anderer könnten Zufriedenheit, Stolz, unermessliches Glück, Reichtum entspringen. Wer weiß?

Die Worte seiner Mutter haben sich Bahn gebrochen. Es ist Zeit, diesen Weg zu beschreiten. Das wird bestimmt nicht leicht, sondern jeden Tag aufs Neue harte Arbeit, das spürt Arnaud. Ohne Fleiß kein Preis. Sich zu öffnen und Geschenke willig zu akzeptieren, um anschließend zu lernen, seine Freude zu zeigen, ist vielleicht ein erster Schritt.

An diesem Morgen des ersten Mai öffnet Arnaud die Augen, weitet alle Sinne. Die Maiglöckchen duften himmlisch. Aus einer Steinmauer wachsen vorwitzige lila Blümchen, deren Namen er nicht kennt, und auf dem Bürgersteig gegenüber entdeckt er einen Bücherschrank, den Anwohner in einem alten Stromkasten eingerichtet haben. Der ist ihm noch nie aufgefallen, obwohl er schon etliche Male in dieser Straße war. Hat sich womöglich sein Blick gewandelt? Ist er nun bereit, die kleinen und großen Geschenke des Lebens anzunehmen?

☾

Wie geht es dir? Fällt es dir leicht, Komplimente, Hilfsangebote und Geschenke anzunehmen? Oder widerstrebt es dir? Weißt du, warum?

MARTINS UNSICHERHEIT

oder: Die schwierige Entscheidungsfindung

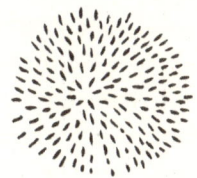

Martin und Anna spazieren am sonnigen Ufer der Erdre entlang. Die Hausboote feiern den Frühling. Ein paar Meter weiter wacht der Reiher.

»Was beschäftigt dich so, Martin?«

Martin scheint seine übliche Heiterkeit verloren zu haben.

»Ich tue mich schwer mit einer Entscheidung. Eigentlich würde ich Nantes gern verlassen, die Stadt, meine kleine Wohnung. Ich sehne mich nach etwas anderem, einem Haus, mehr Platz, der Natur. Aber aus beruflicher Sicht denke ich gleichzeitig, dass jetzt nicht der richtige Moment ist, dass ich lieber noch ein paar Jahre warten sollte. Ich bin hin- und hergerissen. Ich weiß einfach nicht, was die beste Wahl wäre. Und das raubt mir allmählich den letzten Nerv.«

»Und wenn es gar keine beste Wahl gibt?«

»Wie genau meinst du das?«

»Na ja, meistens, wenn wir vor einer Entscheidung stehen, betrachten wir zwei Optionen und fragen uns, welche der beiden klüger wäre. Als gäbe es zwangsläufig die *eine* bessere Lösung. Aber das ist meiner Meinung nach ein Trugschluss. Ich glaube nicht, dass es immer einen guten, richtigen und einen schlechten, falschen Weg gibt. Vielleicht sollte man sich zuerst die Frage stellen, ob noch ein dritter existiert, ein vierter ... Hast du schon einmal über andere Möglichkeiten nachgedacht?«

»Öh, nein ... Das alles erscheint mir so schon kompliziert genug.«

»Trotzdem wäre es vielleicht interessant. Aber vor allem bin ich davon überzeugt, dass die richtige Wahl die ist, die man trifft. Ganz einfach. Und – wahrscheinlich noch wichtiger – was man daraus macht. Wenn du dich für den Umzug entscheidest, dann ist ausschlaggebend für dein Glück, wie du dich auf dieses neue Leben einlässt. Wenn du dich umgekehrt dafür entscheidest, noch ein wenig hierzubleiben, kommt es womöglich darauf an, dass du neue Horizonte erforschst, neue Menschen kennenlernst. Verstehst du, was ich sagen will?«

»Ich glaube schon. Das stellt zwar meine Sichtweise ein wenig auf den Kopf ... aber es bringt mich auch zum Nachdenken.«

»Für mich ist es das Schlimmste, auf der Stelle zu treten, herumzueiern, endlos hin und her zu überlegen, vor sich hin zu brüten, ohne weiterzukommen. Das ist der beste Nährboden für Unzufriedenheit. So wird man nirgendwo glücklich.«

»Genau so geht es mir gerade! Ich beneide alle, für die das ein Kinderspiel ist, denen es leicht fällt, zur Tat zu schreiten. Nicht zwangsläufig sofort, manchmal nehmen sie sich auch Zeit, aber dann setzen sie ihre Ideen, ihre Wünsche zielstrebig um. Lucas ist zum Beispiel so. Bei ihm gilt immer Aktion/Reaktion. Ich kann das nicht. Ich zaudere oft monatelang. Das ist unerträglich!«

»Nun, dann fang doch mit dem an, worüber wir gerade geredet haben. Ich glaube wirklich, dass dich vor allem die Art und Weise bremst, wie du an die Frage rangehst. Als wäre alles schwarz oder weiß. Aber so dualistisch ist die Welt nicht. Sie ist reich an fein abgestuften Farben. Schau dich doch um: die Spiegelungen auf dem Wasser, die vielen verschiedenen Blumen, die Formen ihrer Blütenblätter ...

Außerdem kannst du dir auch Zeit nehmen. Es müssen ja nicht gleich Monate sein. Aber nichts zwingt dich, jetzt sofort zu entscheiden, niemand setzt dir die Pistole auf die Brust.«

»Stimmt schon, aber irgendwas muss sich ändern. So habe ich das Gefühl, mich im Kreis zu drehen. Und das hasse ich wie die Pest.«

»Dann solltest du vielleicht einfach eine Entscheidung treffen, egal, welche, um einen Schritt nach vorn zu machen. ›Wählen heißt wachsen‹, hat mir mal eine Akupunkteurin gesagt. Und da ist meiner Meinung nach etwas sehr Wahres dran. Die simple Tatsache, dass man aktiv wird, bringt manchmal auch Bewegung in andere Bereiche. Natürlich vorausgesetzt, dass man sich hinterher nicht ständig fragt: ›Was wäre, wenn?‹ Was wäre passiert, wenn ich den anderen Weg gewählt hätte? Wie würde mein Leben heute aussehen, wenn ich mich für die andere Option entschieden hätte? Was, wenn ich mir mehr Zeit gelassen hätte, statt mich Hals über Kopf hineinzustürzen? In dem Fall tritt man wohl doch lieber ein bisschen länger auf der Stelle.«

»Haha, ich weiß genau, was du meinst. Das würde mir ähnlich sehen!«

»Überhaupt, jeder trifft Entscheidungen auf seine eigene Art. Ich zum Beispiel vertraue stark auf mein Bauchgefühl. Bei anderen überwiegt die Vernunft, und die gute alte Pro- und Kontraliste hilft immer. Vielleicht wäre das etwas für dich?

Stellen wir uns doch einfach mal vor, du entscheidest dich für das Wegziehen. Nichts hält dich davon ab zurückzukommen, wenn du merkst, dass es am Ende doch nicht das ist, was du wolltest. Entscheidungen sind nicht unumkehrbar. Unsere Wege verlaufen nicht immer schnurgerade. Und das ist auch gut so! Manchmal machen sie Schleifen, nehmen Wendungen oder bieten charmante Schlenker. Eigentlich sind solche Wege auch die interessanteren.«

»Da hast du recht. Es tut wirklich gut, mit dir darüber zu reden, ich fühle mich schon nicht mehr so bedrückt.«

»Irgendwie lustig, dass es für mich genau umgekehrt ist. Ich liebe diesen Moment, der einer Entscheidung vorausgeht, ob man nun große Veränderungen in Gang setzt oder sich nur einen kleinen Stups gibt. Wenn du ganz unbestimmt fühlst, dass du etwas anstoßen musst, dass du etwas erschaffen, verwandeln, erforschen willst, ein Projekt entwickeln, das diesen Namen noch gar nicht verdient. Verstehst du, diesen Moment, in dem du einen Drang verspürst, dir etwas bewusst wird, du etwas beobachtest ...«

»Ja, aber danach geht es bergab«, erwidert Martin lachend.

»Nicht unbedingt. Für mich ist der Schlüssel, zum Anker zurückzukehren, zum Körper. Dort beginnt alles. Wie soll man eine Veränderung herbeiführen, wenn die Lust dazu nur im Geist verbleibt? Irgendwann muss man konkret werden, von der Theorie zur Praxis übergehen. Außerdem kann man das Ganze auch trainieren. Du fängst mit kleinen Sachen an. Was du gleich im Restaurant bestellst, zum Beispiel, oder was du morgen kochen willst, ob du es dir nächstes Wochenende zu Hause gemütlich machst oder mit Freunden ausgehst ... Horch einfach darauf, was dein Körper dir sagt.«

»Stimmt, das könnte ich probieren. Ich werde versuchen, die Sache gelassener anzugehen. Und warum nicht über einen anderen Weg nachdenken ... Hör mal, dieser Spaziergang hat mich wirklich vorangebracht!«

☾

Wie ist es bei dir? Fällt es dir leicht, Entscheidungen zu treffen, oder zögerst du ewig? Hast du Angst, das Falsche zu wählen? Bereust du eine getroffene Entscheidung hinterher lange? Oder stellst sie in Frage? Wozu regt Martins Geschichte dich an?

DER RAT DER BUCHHÄNDLERIN

oder: Wann man loslassen sollte

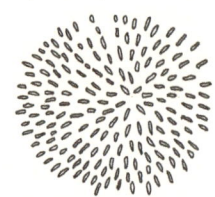

Wie eine Biene in ihrem Stock schwirrt Philippine von Regal zu Regal, von Auslage zu Auslage. Lieferungen annehmen, Pakete öffnen, Neuheiten einräumen, Bestellungen aufgeben, Kunden beraten, einen Roman anpreisen, einen Autor, eine Autorin zur Signierstunde begrüßen ... Philippine gönnt sich nur selten eine Pause. Sie hat ja kaum Gelegenheit, darüber nachzudenken. Ganz zu schweigen von der Zeit, die sie mit Zuhören verbringt.

Philippine sagt gerne, dass Buchhändlerinnen auch Bibliotherapeutinnen sind. Seit der Eröffnung des Literarischen Gartens vor ein paar Jahren hat sich ihr Talent zum Zuhören wahrscheinlich am stärksten weiterentwickelt. Manchmal hat sie den Eindruck, die Kundinnen und Kunden wandern nur zwischen den Regalen umher, weil sie auf einen Wortwechsel, ein Gespräch hoffen. Philippine lauscht ihren Sorgen, Zweifeln und Leiden, den großen und kleinen Freuden. Hinter dem

Verkaufstresen oder vor den Regalen verteilt sie Bücher und Ratschläge.

Heute lässt Anaïs sich ganz besonders viel Zeit. Sie scheint nicht gehen zu wollen, obwohl sie schon mehrere Bücher im Arm trägt.

»Hallo, Anaïs, wie geht es Ihnen?«

»Gut, gut, danke ... Aber eine Sache bereitet mir ein bisschen Kopfzerbrechen. Ich bin gleich mit einer Freundin verabredet, und ich weiß nicht, ob ich hinwill ...«

»Sie wissen nicht, ob Sie sich mit Ihrer Freundin treffen wollen? Na, das ist ja allerhand!«

»Ja, nein ... Wenn man es so ausdrückt, klingt es komisch, klar. Es geht um meine Freundin Justine. In der Schulzeit waren wir unzertrennlich, danach haben wir uns aus den Augen verloren. Und vor ein paar Jahren haben wir uns dann wiedergetroffen. Erst war ich sehr froh darüber. Sie bringt mich immer zum Lachen. Aber ...«

»Aber?«

»Ich weiß nicht ... Es ist schwer zu beschreiben, aber ich habe das Gefühl, dass sie mir nicht mehr guttut, dass sie toxisch für mich geworden ist.«

»Und trotzdem treffen Sie sie noch?«

»Irgendwie dumm, oder? Ich schätze mal, ich fühle mich verpflichtet wegen der alten Zeiten. Sie hat mir einmal sehr viel bedeutet ...«

»Natürlich, aber was ist mit heute? Wenn dem nicht länger so ist, warum sich mit einer Beziehung herumplagen, die Ihnen nicht mehr zuzusagen scheint. Wir haben nur ein Leben, Anaïs. Müssen wir es uns da wirklich schwer machen, Zeit an Menschen vergeuden, die nicht mehr für uns geschaffen sind, uns sogar schaden? Man kann so viele neue Menschen kennenlernen, so viele bereichernde Begegnungen haben, warum sich also mit Verbindungen belasten, die nicht mehr zu uns passen?«

»Vielleicht haben Sie recht ...«

»Ich sage nicht, dass Sie diese Freundschaft wegwerfen oder verleugnen sollen, das Lachen und die anderen schönen Erinnerungen vergessen. Aber wenn sie der Vergangenheit angehören und sie heute nichts mehr mit Leben erfüllt, dann ist es vielleicht an der Zeit, sie loszulassen und neue Beziehungen zu knüpfen, die besser mit dem Menschen harmonieren, der Sie geworden sind, mit Ihren aktuellen Zielen und Wünschen.

So wie man zu Hause großen Frühjahrsputz macht, ist es manchmal auch nötig, innezuhalten und seine Beziehungen auszumisten. Weshalb in einer Freundschaft gefangen bleiben? Zumal wir schon so viele Beziehungen in unserem Leben vorgeschrieben bekommen, gerade im Beruflichen. Freundschaft und Freiheit beginnen nicht umsonst mit denselben Buchstaben. Das ist zumindest meine Meinung.«

Diese Einstellung vertritt Philippine schon lange. Warum sollte man Zeit in jemanden investieren, der nicht oder nicht mehr zu einem passt, wo es doch so viele andere außergewöhnliche Menschen zu entdecken gibt? Als sie sich einmal nach einem Termin noch mit ihrem Arzt unterhielt, kamen sie auch auf dieses Thema zu sprechen. »Wenn Sie wüssten, wie viele Patientinnen und Patienten ich weniger hätte, wie viel leerer mein Terminkalender wäre, wenn die Leute auf sich selbst hören, sich nicht länger bei all diesen pflichtschuldigen und hochtoxischen Familienessen Magenkrämpfe holen würden. Jedes Jahr an Weihnachten dasselbe Spiel. Sie begreifen einfach nicht, wie krank schädliche Familienverhältnisse oder Freundschaften machen können. Dabei haben sie meist schon genug komplizierte Beziehungen zu den Kolleginnen und Kollegen oder Vorgesetzten bei der Arbeit. Wozu sich also noch mehr aufladen? Das ergibt keinen Sinn! Und nach den Feiertagen kann ich mich dann gar nicht mehr retten vor unerklärlichen Migräneanfällen, Bauchschmerzen, Rückenblockaden, wenn nicht sogar Magengeschwüren oder noch schlimmer! Die berühmte Rache des Körpers ... Wenn alle nur ein bisschen besser auf sich achten würden«, vertraute er ihr an.

»Was Sie sagen, leuchtet mir ein, Philippine, aber es ist schwer, jemandem den Rücken zu kehren, der mir einmal so viel bedeutet hat.«

»Ihre Freundin hat Ihnen vielleicht früher viel gegeben, aber wenn das heute nicht mehr der Fall ist, würde ich mich an Ihrer Stelle nicht an sie klammern ... Auch auf die Gefahr hin, dass ich mich wiederhole, wir haben nur ein Leben, Anaïs. Das sollten Sie sich nicht unnötig verkomplizieren, es an Leute vergeuden, die nicht mehr zu Ihnen passen. Dazu ist es viel zu schade! Ich glaube, gewisse Menschen begleiten uns nur ein Stück des Weges. Manchmal muss man loslassen können. Das ist natürlich nicht leicht, mir geht es da nicht anders als Ihnen. Aber ich halte es wirklich für heilsam, Lebewohl zu sagen und weiterzuziehen, nur nach vorn zu blicken.«

»Ich wusste, dass es mir helfen würde, mit Ihnen zu reden. Aber jetzt will ich Sie nicht länger in Beschlag nehmen, ich sehe ja, wie viel los ist. Sie haben recht, ich werde die Verabredung absagen und es mir heute Abend stattdessen mit einem Buch gemütlich machen.«

»Ein perfekter Plan! Berichten Sie mir bitte unbedingt, wie Sie diesen Roman hier fanden. Ich kann ihn nur empfehlen, ich habe ihn verschlungen.«

»Wird gemacht. Bis ganz bald, Philippine! Und danke noch mal.«

Als Anaïs den Literarischen Garten verlässt, ist ihr ein wenig leichter ums Herz. Jetzt muss sie nur noch Justine Bescheid geben. Das wird bestimmt nicht einfach. Sie kann sich ihren Zorn darüber, dass sie so spät einen Rückzieher macht, schon lebhaft vorstellen. Aber ein unangenehmer Moment, dann ist es vorbei. Als Anaïs sich ihren Abend allein mit diesem vielversprechenden Roman ausmalt, muss sie zu ihrer Überraschung lächeln.

☾

Klingen Philippines Worte in dir nach? Was lösen sie in dir aus? Gibt es auch in deinem Leben Beziehungen, die nicht mehr zu dem Menschen passen, zu dem du dich entwickelt hast?

NUR EIN PAAR WORTE

oder: Die schöpferische Macht der Sprache

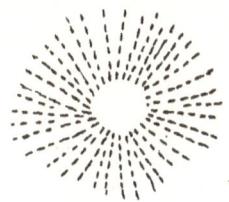

Vom Schlafzimmerfenster des Häuschens aus, in das sie sich geflüchtet hat, schwebt Pauline in Gedanken zu den raschelnden Blättern der Bäume und den Vögeln, die auf den Stromleitungen sitzen. Der Frühling war noch nie so grün, die Natur noch nie so leuchtend und üppig. Hat sich die Welt verändert oder nur ihr Blick auf ihre Umgebung?

Sie ist hergekommen, um sich zu erholen, ein wenig Luft zu schnappen. Ihre Wunden zu lecken. Schon verrückt, wie schnell alles gegangen ist. Nur ein paar Worte, und der Lauf ihres Lebens hat sich radikal gewandelt. Für immer. Eine scharfe Gabelung.

Alles fing vor zwei Wochen an, als sie zum Abendessen bei ihrem Bruder Pierre war. Sie fühlte sich ausgelaugt. Seit Monaten schon unterdrückte sie die Worte, ihren Kummer, ihren Schmerz. Seit Monaten schon schauspielerte sie, machte allen etwas vor, behielt ihre Wahrheit, ihre Gefühle für sich. An jenem Abend jedoch war sie so erschöpft, dass ihre Zunge sich löste. Ganz langsam erst, fast schüchtern, dann schwoll das Rinnsal der Worte an, bis es zu einem mächtigen, ununterbrochenen Strom wurde.

Sie konnte nicht mehr. Ihre Beziehung mit Mathieu erstickte sie. Diese Partnerschaft, eine Zeit lang so glücklich und erfüllend, war allmählich entgleist, ohne dass sie es bemerkt hatte, bis sie schließlich toxisch wurde. Seitdem bekam Pauline kaum noch Luft. Sie grübelte monatelang, ohne den Mut zu finden, sich zu rühren, aktiv zu werden. Monate, in denen die Worte nicht aus ihrer zugeschnürten Kehle herauskamen. Dutzende Male hatte sie sich bereits ausgemalt, ihre Koffer zu packen und zu gehen. Dutzende Male die Zähne zusammengebissen und sich beherrscht. Jeden Tag ein bisschen mehr. Ausgeharrt, aber wofür? Was genau wollte sie sich beweisen? Oder sich auferlegen?

Und dann kam dieses Abendessen bei ihrem Bruder, wo die viel zu lang zurückgehaltenen Worte hinausdrängten, beinahe übereinanderstolperten. »Ich kann nicht mehr, ich glaube, ich verlasse ihn.« Am nächsten Tag fühlte sie sich schuldig, ungerecht. Sie wollte zurückspulen, alles widerrufen. Sie schickte Pierre eine Nachricht: »Vergiss, was ich gestern gesagt habe, das habe ich nicht so gemeint, ich war bloß müde.« Aber ...

Aber wie sollte man zurücknehmen, was erst einmal ausgesprochen war, was der unendlichen Macht der Worte entgegensetzen?

Zwei Tage später entschlüpften sie ihr schon wieder. Diesmal vor Mathieu selbst. Ohne dass Pauline etwas dagegen tun konnte, provozierte sie – oder besser gesagt, provozierten ihre Worte – das Gespräch, das sie seit Monaten fürchtete und aufschob. Tags darauf war sie fort. Ein paar Worte hatten ausgereicht, um das Ende von zehn gemeinsamen Jahren zu besiegeln und ihrem Leben eine entscheidende Wendung zu geben.

Als Pauline jetzt auf den Garten voll Ringelblumen und Holunder blickt, dem Gesang der Turteltauben lauscht, kann sie es immer noch nicht fassen. Die Macht der Worte, ihre schöpferische Kraft, ihre Fähigkeit, innerhalb von Sekunden zu erschaffen oder zu zerstören. *Es ist unglaublich, wie sehr Sprache die Welt formt*, denkt sie, *wie befreiend Worte sein können.*

Das spürt sie zumindest im tiefsten Inneren: eine Befreiung. Sie begreift nun, wie unerlässlich es ist, sich zu trauen, es zu wagen, Dinge auszusprechen. Das ist der Preis, den man bezahlt, um die Welt zu verändern, ob im Kleinen oder im Großen.

Aus dem Erdgeschoss hört sie ihre Freunde nach ihr rufen, das Mittagessen ist bald fertig. Ein schöner neuer Tag erwartet sie.

☾

Hast du auch schon einmal die schöpferische und zerstörerische Macht der Sprache erprobt? Oder dir ausgemalt, wie sehr nur ein paar Worte dein Leben verändern könnten?

Nidra mudra

Hier eine Yogaübung für die Hände, die dich abends oder nach nächtlichem Aufwachen beim Einschlafen unterstützt.

☾ Leg dich auf den Rücken. Frauen senken die linke Hand auf den Unterbauch und danach die rechte Hand auf die linke. Steck den rechten Daumen unter den linken, halte die Position und atme.

☾ Schieb die rechte Hand ein Stück höher, bis zum Bauchnabel, und leg die linke Hand auf die rechte. Atme weiter.

☾ Lass nun erst die linke Hand, dann die rechte bis unter die Brust wandern.

☾ Beginne anschließend von vorn.

☾ Männer machen genau dieselbe Übung, starten allerdings mit der linken Hand auf der rechten.

Du kannst entweder jede Position mehrere Atemzüge lang halten oder zügig von einer zur anderen wechseln. Horch in dich hinein, was dir guttut. Für gewöhnlich kommt der Schlaf sehr schnell.

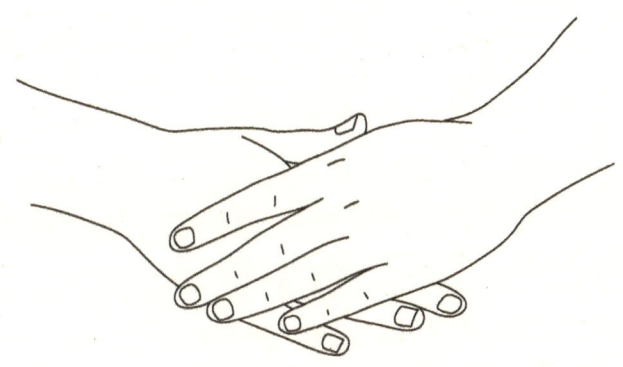

DER LEHRPFAD
DER BIENEN

oder: Warum man das Dunkel durchqueren muss

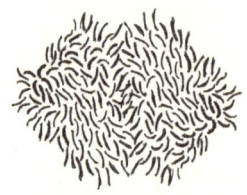

Kurz vor dem dreißigjährigen Jubiläum ihrer inzwischen florierenden Imkerei blickt Florence auf den Weg zurück, den sie bewältigt hat. Was für eine Strecke! Sie sieht sich noch vor sich mit gerade einmal zwanzig Jahren, den Abschluss in der Tasche, als einzige Frau in einer Männerdomäne. Niemand nahm sie ernst. Alle spotteten über ihre zarte Statur, ihre verrückten Ideen. Bioimkerei? Den Honig händisch rühren? Die Bienen respektieren? Für wen hielt sie sich? Was dachte sie sich dabei? Glaubte sie vielleicht, besser zu sein als alle anderen?

Ihr Leben war nicht immer ein Spaziergang, aber bei wem ist es das schon? Sie erinnert sich besonders an eine dunkle Zeit, ungefähr zehn Jahre nach der Gründung ihres Unternehmens. Sie musste Entscheidungen treffen, um es weiterzuentwickeln. Sie saß zwischen den Stühlen, war hin- und hergerissen. Schlussendlich folgte sie der Empfehlung ihres Führungsteams und stellte ihren Wunsch nach Biodynamik zurück. Zugegebenermaßen ließen die Banken ihnen auch eigentlich keine Wahl. Vielleicht das einzige Mal in ihrem Leben hörte sie nicht auf sich selbst. Sehr bald erkannte sie, dass sie nicht den richtigen Weg eingeschlagen hatte. Nach und nach versank sie in einer Episode, die man wohl depressiv nennen konnte. Sie weiß noch gut, in welchem leidvollen Zustand sie damals war. Sie ertrug ihn nicht, hatte das Gefühl, er würde ewig andauern, sah kein Ende, war voller Ungeduld. Hätte sie nur geahnt ... Hätte sie nur geahnt, dass aus diesem Leid die allerschönsten Geschenke erwachsen würden, dass sie da durch musste, damit der Weg frei wurde, damit die Botschaften ankamen.

Diese Lektion hat sie widerwillig gelernt: Das ganze Leben ist von Polarität geprägt, ohne Schatten kann es kein Licht geben. Je mehr wir vorwärtskommen wollen, uns besser kennenlernen, im Einklang mit unseren Gefühlen und Wünschen sein, desto notwendiger müssen wir uns mit unseren Schattenseiten auseinandersetzen. Mit Ängsten, die unserer Ausbildung entspringen, der Schulzeit, der Konditionierung, transgenerationalen Bürden, familiären Denkmustern, aus denen man nicht auszubrechen wagt ... Manchmal schleppen wir Ballast mit uns herum, von dem wir überhaupt nicht wissen, wo er herkommt. Und diesen dunklen Aspekten unserer Persönlichkeit ins Auge zu blicken, ist nicht gerade angenehm. Doch erst nachdem wir sie ans Licht gebracht haben, verstehen wir, dass der Weg zu einem besseren Ort immer durch sie hindurchführt.

Florence hatte wirklich den Eindruck, in ihr tiefstes Inneres hinabtauchen, das Reich des Hades durchqueren zu müssen. Danach versuchte sie, aus Gülle Gold zu machen. Ihren Raum zu gestalten, ihre Melodie zu komponieren, ihre Stimme zu finden ... bis heute.

Indem sie lernte, um jeden Preis ihrem Bauch zu folgen, konnte sie sich einen schönen Weg in die Freiheit bahnen. Einen Weg, der zu ihr passte und der auch ihrem inzwischen international anerkannten Unternehmen zugutekam. Sie, die so oft unverstanden war, für ihren Avantgardismus verhöhnt wurde, immer gegen den Strom schwamm, abseits der ausgetretenen Pfade lief, inspirierte zahllose andere Unternehmerinnen und Unternehmer. Deshalb würde sie heute mit dem nötigen Abstand um nichts in der Welt zurückgehen und diesen Hürden ausweichen.

☾

Was löst Florence' Weg in dir aus? Hattest du auch schon einmal das Gefühl, an einer schwierigen Zeit zu wachsen? Hast du dich bereits mit deinen Schattenseiten auseinandergesetzt? Welche Lehre hast du daraus gezogen?

PAULS REBEN

oder: Wie man Dankbarkeit kultiviert

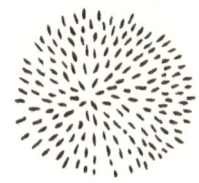

»Jahrelang habe ich wie ein Idiot gelebt, bin sozialem, intellektuellem, finanziellem Erfolg hinterhergelaufen. Dann ist meine Frau krank geworden, und ich habe begriffen, dass alles von heute auf morgen vorbei sein kann. Da hat es bei mir klick gemacht.

Plötzlich konnte es mir gar nicht schnell genug gehen. Ich musste den Beruf wechseln, wir mussten unseren Lebensstil ändern, je früher, desto besser. Es war wie ein körperliches Bedürfnis, ich kann es dir nicht anders erklären.

Also habe ich einen anderen Kurs eingeschlagen. Ich stamme ursprünglich aus dem Département Gard und hatte schon immer eine Leidenschaft für Wein. Als mir bewusst wurde, dass ich mit meinen Händen arbeiten möchte, etwas Sinnvolles tun, draußen in der Natur sein, hat der Weinbau sich sofort aufgedrängt. Als hätte das schon immer in mir geschlummert und wäre nur nie erwacht. Ich fing eine Ausbildung zum Winzer an der landwirtschaftlichen Fachschule an. Ein befreundeter

Önologe hat mir unter die Arme gegriffen und mir mit Rat und Tat zur Seite gestanden. Eins wusste ich sicher: Ich wollte biologisch anbauen. Angefangen habe ich mit einem Hektar bei Tavel. Und Jahr für Jahr, Parzelle für Parzelle konnte ich mein Land vergrößern.

Jeden Tag, wenn ich durch die Weinberge streife, staune ich aufs Neue. Seit diesem Kurswechsel hat sich mein Blick auf die Welt völlig verändert. Ich könnte dir gar nicht so genau sagen, warum. Es gibt eine ganze Reihe von Gründen ...

Natürlich erlebe ich auch Rückschläge. Denn, das will ich nicht verhehlen, manchmal ist die Natur launenhaft und unerbittlich. Nach meinem ersten Jahr gab es ein Unwetter, ein gewaltiges Unwetter. Das war direkt vor der Lese. Hagelkörner, wie ich sie noch nie gesehen hatte, wie ich sie mir nicht einmal vorstellen konnte, sind auf die Stöcke niedergeprasselt. Ein Jahr Arbeit für die Katz. Was habe ich geweint! Aber am nächsten Tag war ich wieder draußen in den Weinbergen und habe weitergemacht. Hatte ich denn eine andere Wahl? Nach ein paar Tagen erfüllte mich eine unermessliche Kraft.

Selbst wenn ich zweifle, wenn mich Sorgen plagen – denn das kommt natürlich auch vor –, spüre ich immer eine tiefe Zuversicht. Unerschütterlich. Ich bin voller Dankbarkeit für das, was das Leben uns schenkt, für die Art, wie die Natur sich entfaltet und uns nährt. In der Großstadt versäumt man völlig, wie die Zeit verstreicht. So oft hört man Sätze wie: ›Verrückt, dass wir schon Juni haben, das Jahr verfliegt!‹ Hier kann man beobachten, wie Frühling, Sommer, Herbst und Winter nach und nach einkehren, wie die ersten Krokusse sprießen, die Holunderblüten, die Maiglöckchen ... Man lebt im Rhythmus des Kreislaufs.

Wenn ich die Natur um mich herum betrachte, ihre Fülle, ihre Pracht, ihren Reichtum, alles, was sie uns gibt, bin ich beseelt von Dankbarkeit. Ich glaube, die Krankheit meiner Frau, die Angst, sie zu verlieren, die Sorge, dass unsere Kinder ohne ihre Mutter aufwachsen müssen – diese Prüfung hat mich gelehrt, all dem Aufmerksamkeit zu widmen, was wir jeden Tag bekommen, von anderen, der Natur, dem Leben ... Und damit meine ich keine großartigen, unerschwinglichen Dinge, sondern winzige Kleinigkeiten: die Farben des Sonnenuntergangs, das Lächeln eines Kindes, der Anruf eines Freundes, den ich schon lange nicht mehr gesehen habe.

Deshalb habe ich eine neue Gewohnheit eingeführt. Oder ein Ritual, wenn du es so nennen willst. Jeden Abend vor dem Schlafengehen erstelle ich im Kopf eine Liste von drei bis fünf Dingen, die mir tagsüber unverhofft begegnet sind und für die ich mich bedanken möchte. Das können, wie gesagt, absolute Nichtigkeiten sein. Aber ich vergesse es nie. Und die Kinder haben inzwischen auch damit angefangen. Jetzt zählen wir gemeinsam die kleinen Geschenke des Lebens auf, während ich sie zudecke.

Noch vor ein paar Jahren hätte ich mir niemals vorstellen können, so etwas zu tun. Geschweige denn, es mit anderen zu teilen. Daran sieht man einmal mehr, dass nichts bleibt, wie es ist.

Möchtest du mitkommen? Ich zeige dir die Weinberge. Die Farben sind gerade unglaublich!«

Das Tagebuch der Dankbarkeit

☾ Besorg dir ein Notizbuch, das dir gefällt. Wähl ganz bewusst eines aus, bei dem du dich jeden Abend freust, es wiederzusehen, und das dir ein guter Gefährte sein wird. Leg es auf deinen Nachttisch oder neben dein Bett.

☾ Nimm dir jeden Abend vor dem Einschlafen ein paar Minuten Zeit, um deinen Tag noch einmal Revue passieren zu lassen. Schreib dann die Momente nieder, die dir glücklich erscheinen, für die du dich bedanken möchtest.

☾ Fang mit drei Momenten an und steigere dich nach und nach zu fünf oder mehr. Du wirst zu deinem Erstaunen feststellen, dass selbst die schwärzesten Tage kleine Lichtblicke bergen.

Viel Spaß beim Schreiben!